Ronja Aselmann
Know Your Season

Über die Autorin

Ronja Aselmann wurde 1994 geboren und lebt mit ihrem Mann Friedmund und ihren zwei kleinen Söhnen in der Nähe von Hannover. Ihr Mann leitet als Kfz-Meister eine Werkstatt, sie selbst ist gerade „Vollzeit-Mami", aber engagiert sich nebenbei in ihrer Gemeinde, der EFG Arpke. Dort ist sie momentan für das Moderationsteam, die Krabbelgruppe und die Dekoration bei Veranstaltungen wie dem „Candle-Light-Dinner" verantwortlich. Außerdem ist sie gelegentlich überregional auf Frauenveranstaltungen als Referentin unterwegs und hat einen eigenen Blog sowie eine Instagram-Community.

RONJA ASELMANN

KNOW YOUR Season

ENTDECKE & LEBE DEINE HEUTIGE BERUFUNG

GerthMedien

INHALT

VORWORT VON CHRISTINA WALCH

Als ich 2019 zum ersten Mal das Buch „Tochter Gottes, erhebe dich" von Inka Hammond gelesen habe, hat – gefühlt – mein ganzer Körper gekribbelt. Sie schreibt darin, dass sich eine ganze „Armee von Frauen" für Jesus aufstellt, „wie sie die Welt noch nicht gesehen hat". Diese Worte waren so prophetisch und kühn. Ich wusste tief in mir: Da ist etwas Wahres dran. Und heute sehen wir tatsächlich immer mehr Frauen, die mutig aufstehen, Jesus leidenschaftlich lieben, seine Botschaft verkünden und die durch ihre überwältigende innere Schönheit und Authentizität Menschen für ihn gewinnen. Frauen, die einen kühnen Ruf verspüren und sich zu einer Armee der Liebe und der Hoffnung zusammentun.

Ronja gehört auch zu dieser Armee von starken Töchtern Gottes. Ehrlich und authentisch schreibt sie in ihrem Buch „Know your Season" über ihr Leben. Sie tut dies so erfrischend echt, dass ich beim Lesen das Gefühl hatte, mit ihr auf der Couch zu sitzen und ihrer Geschichte bei einer guten Tasse Kaffee aus ihrer großen Tassensammlung zu lauschen. Ich war gefesselt von ihrem Mut, ihrer Leidenschaft für Jesus und ihren liebevollen und weisen Ratschlägen, die ich sehr gerne annehme, da sie so viel tiefe Wahrheit in sich tragen.

Dieses Buch ist voll von Wundern. Immer wieder habe ich mir beim Lesen gedacht: „Was kommt da noch? Was hat diese Frau noch in petto?" Und jedes Mal ging Jesus noch einen Schritt weiter mit ihr …

Ronjas Worte haben mich jedoch auch zum Nachdenken angeregt:

Wo lebe ich getrieben, anstatt in Ruhe?
Wo lebe ich einen Kompromiss und gebe mich zufrieden
mit einem Leben, was nicht meiner Berufung entspricht?
Wo hat Gott nicht den ersten Platz in meinem Leben?
Suche ich Erfüllung bei Gott oder woanders?

Dieses Buch ist ein Buch, geschrieben für unsere Zeit und unsere Generation. Wollen wir nicht überall gleichzeitig sein? Zu den Besten, Schönsten und Einflussreichsten gehören? Am liebsten zehn Dinge gleichzeitig tun? Und dabei allem und jedem gerecht werden? Aber sind wir manchmal nicht doch überfordert von all den Möglichkeiten und unseren eigenen Ansprüchen? Trotzdem wollen wir mithalten und jemand Besonderes sein – Hauptsache nicht durchschnittlich? Und wollen wir manchmal nicht lieber den Schein wahren, als ehrlich zu erzählen, wie es uns wirklich geht?

Ronjas Geschichte kann dir helfen, den Fokus auf das zu richten, was wirklich zählt, und das zu leben, was Gott genau hier und heute für dich vorbereitet hat.

Ronjas Weg der Nachfolge beeindruckt mich. Er scheint so schwer und doch so leicht zu sein. Sie ist mir durch dieses Buch ein echtes Vorbild darin geworden, wie ich trotz des Drucks aus meinem Umfeld, aus der Gesellschaft und meiner eigenen Vorstellungen und Erwartungen Jesus radikal und uneingeschränkt nachfolgen kann. Durch ihre erfrischend ehrliche Art setzt Ronja in mir den Wunsch frei, dass auch ich Jesus wieder den obersten Platz in meinem Leben frei mache und die Bereiche meines Lebens hinterfrage, wo dies (noch) nicht der Fall ist. Ihre Geschichte hat mich neu erkennen lassen, dass es nicht darum geht, was im Außen passiert, sondern darum, was Gott in meinem Inneren macht.

Ronja ist mit ihrer Geschichte ein Beispiel für mich, was es heißt, in diesen spannenden Zeiten als Christ zu leben. Wer ihr auf Instagram folgt, der sieht ihren Mut, Jesus und das Evangelium zu den Menschen zu bringen, Wahrheit auszusprechen und für sie einzustehen. Sieht man sich ihre Stories an, dann sprüht Ronja vor Freude, Echtheit, Leben und Schönheit – auch in ihren schwersten Zeiten. Die Welt braucht Frauen wie Ronja, die den Wert des „Seins" erkannt haben und ihn mit jeder Faser ihres Lebens widerspiegeln. Frauen, die erkannt haben, dass ihr Wert nicht in ihrem Tun, sondern in ihrem Sein liegt. Egal ob als Single, Ehefrau oder als Mama. Frauen, in deren Gegenwart wir aufatmen können und wissen, dass wir nichts vorzuweisen brauchen, nicht mithalten oder besonders gut dastehen müssen. Lassen wir uns anstecken von Ronjas Leidenschaft für Jesus.

Es wird in Zukunft immer wichtiger werden, dass wir klar und voller Freude das Evangelium verkünden und nicht zurückschrecken vor dem Ausmaß der Veränderung, das Gottes Liebe in einem Menschenleben bewirkt. Es ist so wichtig, dass wie uns – wie Ronja – immer wieder vor allem nach Gottes Willen ausstrecken, wie Jesus es uns selbst aufgetragen hat:

„Sorgt euch vor allem um Gottes neue Welt, und lebt nach Gottes Willen! Dann wird er euch mit allem anderen versorgen"
(Matthäus 6,33).

Ronja lebt so, und doch werden ihr Sorgen nicht erspart. Was sagt man über eine Frau, die während ich diese Zeilen schreibe, wieder einmal um das Leben ihres Sohnes bangt? Tief verbunden mit ihr und ihrem Leben, fehlen mir die Worte, und doch möchte ich es versuchen, die richtigen Worte zu finden: Ronja, von Herzen danke ich dir, dass du dieses Buch geschrieben hast. Danke, dass du die Wunder, die du erlebt hast und auf die du noch wartest, nicht für dich behältst, sondern sie teilst und dich und euch somit verletzlich machst. Danke, dass wir von der Herrlichkeit schmecken dürfen, die Christus durch dich und deine Familie in die Welt strahlt. Deine Geschichte ist wie ein zerbrechlicher, kostbarer Diamant und ich bin so dankbar, dass du ihn der Welt so kühn und mutig zeigst – sie braucht diese Diamanten als Lichtblicke und Hoffnungsspender! Danke!

Ich wünsche dir, dass du beim Lesen dieses Buches hineingenommen wirst in den Mut und die Kühnheit, die Ronja und ihre Familie leben. Dass auch du dich durch deine Schicksalsschläge und schweren Stunden nicht herunterziehen lässt, sondern sie als Chance sehen kannst, Gott näher zu kommen und seinen Willen zu tun. Ich wünsche dir, dass du – wie ich – beim Lesen dieses Buches ermutigt wirst, Gott noch viel mehr zuzutrauen, von ihm alles zu erwarten und ihn auch in den Stürmen deines Lebens aus voller Kehle zu preisen. Ich wünsche dir, dass dein Glaube gestärkt wird und dass auch du auf deine ganz eigene Art zu einer brennenden und mutigen Nachfolgerin von Jesus Christus wirst wie Ronja es in ihrem Leben geworden ist. Ich wünsche dir, dass auch du deine Berufung als starke und wundervolle Tochter Gottes findest und lebst!

„Wer Gott hat, dem fehlt nichts. Gott allein genügt." Theresa von Avila

Christina Walch, verheiratet, Mama von zwei Kindern und Autorin. Auf Instragram unter @christina.walch

KAPITEL 1:

WENN DAS LEBEN DIR EINEN STRICH DURCH DEINE (SCHEINBARE) BERUFUNG MACHT

Ich bin Ronja, und in der „Season", in die ich euch auf den nächsten Seiten mit hineinnehmen werde, war ich gerade 23 Jahre alt, verheiratet mit einem Mann, den ich jahrelang nicht wollte, doch der dann – gemeinsam mit Jesus – mein Herz im Sturm erobert hat, und Mutter von zwei Kindern, die ich laut Ärzten eigentlich nie hätte kriegen können, da mein Mann an einer chronischen Krankheit litt.

Ich war sehr jung, als ich zum ersten Mal ungeplant schwanger wurde, und noch voller Tatendrang, Träume und Visionen, was ich aus meinem Leben und meinen Begabungen alles machen könnte. Doch dann kam alles anders. Sehr anders. Jesus führte mich durch die wohl schmerzhafteste Season meines bisherigen Lebens, doch genau dadurch durfte ich unglaublich viel lernen – über mich selbst, über meine – und unser aller – wahre und wichtigste Berufung und über die unterschiedlichsten konkreten Berufungen, die wir haben können, aber vor allem über den einen, der mich und dich seit Anbeginn der Zeit voller Liebe ruft. Näher an sein Herz.

Mit meiner sehr persönlichen Geschichte möchte ich dich auf den nächsten Seiten dazu einladen, diesem Ruf Gottes zu folgen und deine Berufung und deinen Gott besser kennenzulernen. Ich verspreche dir: Es lohnt sich – auch und gerade dann, wenn du das Gefühl hast, dass das Leben dir gerade einen Strich durch deine (vermeintliche) Berufung macht und sich alles nur schwer und aussichtslos anfühlt. Denn ich kann dir versichern, an genau diesem Punkt war ich nicht nur einmal in meinem Leben…

DIE SCHLIMMSTE AUTOBAHNFAHRT MEINES LEBENS

Wir waren auf der Autobahn von München Richtung Hannover. Ich schaute aus dem Fenster. Andere Autos und Landschaften flogen an uns vorbei, aber ich wünschte, wir könnten noch schneller fahren, denn diese hämmernde Frage in meinem Kopf war unerträglich: *Wird mein schwer kranker ältester Sohn, mein erstes geschenktes Wunderkind, diese Autobahnfahrt überleben?*

„Dann müssen Sie hier unterschreiben!", hatte der Arzt im Münchener Krankenhaus zu uns gesagt, nachdem wir den Wunsch geäußert hatten, in die uns vertraute Spezialklinik nach Hannover zu fahren. Und diese Unterschrift besiegelte eine Entscheidung, die im Sommer 2018 zur schlimmsten Autofahrt meines Lebens führte.

Im Nachhinein betrachtet, hätten wir einen Hubschrauber oder wenigstens einen Krankenwagen anfordern können. Unser Sohn war akut schwer krank, ja, er schwebte sogar in Lebensgefahr, doch wir hatten uns dazu entschlossen, uns selbst zu entlassen, um zu unseren Spezialisten nach Hannover zu fahren. Dort kannte man sich am besten mit der seltenen Krankheit unseres Sohnes aus, und dort waren wir zu Hause. Doch gerade befanden wir uns noch in München.

Mein Mann war eingeladen worden, bei einem christlichen Jugendferienlager des Kinder- und Jugendwerks WDL („Wort des Lebens") am Starnberger See die Predigten zu halten. Wir hatten uns als kleine Familie dazu entschieden mitzukommen. Das bedeutete 10 Tage raus aus dem Alltag. Unser jüngerer Sohn, Timéo, war zu diesem Zeitpunkt gerade einmal vier Monate alt, und unser großer Junge, Manoah, war vor Kurzem zwei geworden.

Am Anfang des Jahres hatten wir ein Buch gelesen: „Keine Kompromisse. Jesus nachfolgen – um jeden Preis" von David Platt. Darin wurden fünf Schritte aufgezeigt, und diese Schritte wollten wir im Jahr 2018 wagen. So forderte der Autor uns heraus, „in diesem Jahr ...

1. ... für die gesamte Welt zu beten
2. ... die ganze Bibel durchzulesen
3. ... dein Geld für einen bestimmten Zweck zu opfern
4. ... Zeit außerhalb deines gewohnten Umfelds zu investieren
5. ... aktives Mitglied einer sich vervielfältigenden Gemeinschaft zu sein

Ich glaube – nein, ich weiß –, dass, wenn du ein ganzes Jahr an diesen Herausforderungen dranbleibst, du so lebendig werden wirst wie nie zuvor. Du wirst den unvergleichlichen Nervenkitzel kennenlernen, ein Teil dessen zu sein, was Gott für deine Umgebung und den Rest der Welt vorhat."[1]

2018 war für uns das Jahr, in dem wir dieses Experiment durchführen wollten, und in der Sommerfreizeit am Starnberger See lebten wir den 4. Punkt aus: Zeit außerhalb unseres gewohnten Umfeldes ins Reich Gottes zu investieren. „Wenn wir Gottes weltweiten Plan erfüllen wollen, wird das nicht primär dadurch geschehen, dass wir unser Geld geben, so wichtig das auch ist. Es wird dadurch geschehen, dass wir uns selbst geben. Das ist es, wofür das Evangelium steht und was das Evangelium fordert"[2], schreibt David Platt.

Dieser vierte Punkt forderte folglich zu einer Art Missionsreise auf: Geh an einen Ort, den du nicht kennst, und erzähle von deinem Glauben an Jesus Christus. Und als die Anfrage für WDL kam, wussten wir sofort, dass dies unser Missionseinsatz werden würde.

---

1 David Platt: Keine Kompromisse. Jesus nachfolgen – um jeden Preis. © der deutschen Ausgabe: Frosters Deutschland e. V. Meinersen 2017, S. 181.
2 Ebd. S. 192.

Dies war der Ort, an dem Gott uns haben wollte – als ganze Familie. Dies war der Ort, an dem wir im Sommer 2018 zehn Tage lang ganz bewusst das Evangelium würden aussprechen dürfen. Ich hatte mich auf diese Zeit gefreut. Sehr sogar.

Aber da gab – und gibt – es jemanden, der das nicht will: den Teufel, der Feind Gottes.

Eines hatten wir im Vorfeld immer wieder erlebt: Wir haben die Sehnsucht und den Wunsch, Jesu Liebe den Menschen nahezubringen. Wir glauben, dass das Evangelium, die Frohe Botschaft, Menschen in die Freiheit führen kann. Das ist unsere Vision für unser Leben. In allem, was wir tun, wollen wir Jesus großmachen.

Doch das war und ist nicht immer so einfach. So erlebten wir, dass die Schwierigkeiten tatsächlich immer genau dann kamen, wenn wir bewusst für Jesus unterwegs sein wollten. Wir merkten, dass uns eine Autopanne nicht daran hindern konnte, uns trotzdem auf den Weg zu machen. Auch zusätzliche Kosten konnten uns nicht daran hindern loszugehen.

Aber es gibt eine Sache, bei der wir immer wieder auf einem schmalen Grat wandern und nicht wissen, wie wir uns entscheiden sollen. Und das ist, wenn es um unsere Kinder geht. Immer wieder stehe ich dann vor der Entscheidung: Vernunft oder Vertrauen?

Meine Vernunft sagt mir dann: *Tu alles für deine Kinder!*

Mein Vertrauen zu Gott sagt mir: *Gott hält deine Kinder in der Hand, und erst recht, wenn du ein Risiko für Gott eingehst!*

Und dann gibt es noch die Stimme des großen Versuchers, des Teufels, der uns gänzlich davon abhalten will, für Jesus unterwegs zu sein, und nur Angst und Schuldgefühle schürt.

„Teufel" bedeutet im Hebräischen „Diabolos"; von *dia* „durch" und *balló* „werfen".[3] Der Teufel ist also der, der das Leben durcheinanderwirft beziehungsweise durcheinanderbringt und der einen ständig anklagt. Er wird jedoch auch Satan genannt, was aus dem Hebräischen übersetzt „Widersacher" heißt.[4]

Von daher ist es auch kein Zufall, dass wir meistens genau dann in Schwierigkeiten kommen, wenn wir etwas im Reich Gottes bewirken wollen.

Es ist auch okay für uns, wenn Schwierigkeiten auftreten, denn dann merken wir auch, dass wir im richtigen (geistlichen) Kampf sind. Dr. Johannes Hartl sagte einmal passend: „Wenn keiner auf dich schießt, schießt du vielleicht einfach in die falsche Richtung."

Wir wissen um den Feind und seine Versuche, uns von unserer Mission abzuhalten, und je länger wir mit Jesus unterwegs sind, desto besser können wir damit umgehen – außer, wenn es um Manoah geht…

Das ist unsere Schwachstelle, an der Satan wirklich fest zupacken kann, und sie fordert mich jedes Mal aufs Neue heraus, lässt mich zweifeln, treibt mich ins Gebet. Wenn die Schwierigkeit, die Herausforderung der leidende Körper meines Sohnes ist, weiß ich oft nicht, was der richtige Weg ist, und komme an die Grenzen meines Vertrauens.

Manoah leidet seit seiner Geburt an einer chronischen Immunschwäche, die er von meinem Mann Friedmund – der nur „Fritze" genannt wird – geerbt hat. Fritze selbst litt 19 Jahre lang an dieser sogenannten „Neutropenie", die 2011 in eine Leukämie überging.

---

3   Vgl. Elberfelder Studienbibel. Mit Sprachschlüssel. R.Brockhaus Verlag, Textstand Nr. 21, 5. Auflage, S.2057.
4   Ebd, S.2270.

Durch eine Knochenmarktransplantation konnte ihm damals jedoch geholfen werden und er gilt seitdem als geheilt.

Da die Erkrankung meines Sohnes in diesem Buch eine größere Rolle spielen wird, möchte ich sie an dieser Stelle kurz etwas genauer erklären und zitiere dazu eine Passage aus einem Infoflyer[5] zu der Neutropenie:

„Unter dem Begriff ‚schwere chronische Neutropenie' (SCN) ist eine Gruppe von Erkrankungen zusammengefasst, bei der eine wichtige Untergruppe der weißen Blutkörperchen, die sogenannten neutrophilen Granulozyten (kurz Neutrophilen), stark vermindert beziehungsweise nicht vorhanden ist. Die Neutrophilen spielen bei der Abwehr von bakteriellen Infektionen eine wichtige Rolle. Bei Patienten mit angeborenen Formen der SCN können bereits in den ersten Lebensmonaten schwere und zum Teil lebensbedrohliche Infektionen auftreten. Heute weiß man, dass diese Formen der SCN durch verschiedene Gendefekte ausgelöst werden können. Dabei können neben der Neutropenie auch andere Organsysteme betroffen sein, z. B. Herzfehler, Skelettanomalien, neurologische Symptome, Störung der Bauchspeicheldrüsenfunktion.

Das bedeutet für die Betroffenen:

- *dauerhafte ärztliche Überwachung*
- *Anbindung an ein spezialisiertes Zentrum*
- *lebenslang erforderliche Therapie*
- *erhöhtes Risiko für den Übergang in eine Leukämie*
- *Einschränkung der Lebensqualität"*

---

5 Flyer der Interessengemeinschaft Neutropenie e. V.; online abrufbar unter: www.neutropenie-ev.de

Seit Manoah auf der Welt ist, war unser Alltag davon geprägt, auf ihn zu achten und ihn jeden Abend zu spritzen. Wenn seine Werte nicht gut waren, musste ich einmal die Woche in die Kinderklinik nach Hannover fahren. Immer wieder musste ich ihn aus dem sozialen Leben herausziehen und zu Hause mit ihm in Quarantäne leben, bis seine Werte sich wieder verbesserten. Und es ist wirklich krass: So oft kam es schon vor, dass genau dann, wenn wir im Dienst waren – sei es beim Predigen, Moderieren oder Halten der Jugendstunde –, der Körper unseres Sohnes angegriffen wurde. Und so war es auch im Sommer 2018 auf unserem Missionstrip an den Starnberger See.

• • •

Wir waren bereits einige Tage auf der Freizeit gewesen, als Manoah wie aus dem Nichts Fieber bekam. Fieber ist nie ein gutes Zeichen bei immunschwachen Kindern. Unsere Spezialisten rieten uns, bei Fieber immer ins nächste Krankenhaus zu fahren und unseren Sohn in der Notaufnahme vorzustellen.

Das machten wir also auch dieses Mal. Es war nichts Neues mehr für uns. Mittlerweile war ich auch schon gar nicht mehr aufgeregt oder nervös, wenn wir in die Notaufnahme fuhren. Es ist schon erschreckend, wie der Mensch sich an Dinge und Situationen gewöhnt und abstumpft. Jedes Mal, wenn wir dann unseren Freunden schrieben, dass sie für uns beten dürfen, weil wir auf dem Weg ins Krankenhaus waren, klang das für viele sehr dramatisch. Für mich war es mittlerweile jedoch einfach schon normal.

Die Ärzte in der Notaufnahme in München waren sehr nett und hilfsbereit, jedoch auch ohne jegliches Vorwissen über die seltene Immunschwäche unseres Sohnes. Ich wies sie bei der Untersuchung auf einen Mückenstich hin, den Manoah am Bein hatte und der etwas gerötet war. Denn bei Manoahs Krankheit wusste ich mittlerweile, dass alles wichtig sein konnte, um herauszufinden, was für einen Infekt er haben könnte.

Da die Ärzte unsicher waren, woher das Fieber dieses Mal kam, wurden wir stationär aufgenommen.

Wieder Krankenhaus.

Für wer weiß wie lange.

In einer fremden Umgebung.

Ich fühlte mich in diesem Moment wieder so hilflos. Mein Mann fuhr zurück zum Starnberger See, um uns noch ein paar Sachen zu holen. Es war inzwischen schon sehr spät geworden. Fritze sollte am nächsten Tag wieder eine Predigt halten. Aber er hatte an diesem Nachmittag und Abend nicht mehr die Zeit, noch einmal seinen Input durchzugehen.

Alles geriet wieder durcheinander. Und in meinem Herzen geriet auch alles durcheinander.

„Weißt du, Jesus", betete ich im Stillen, als ich versuchte, Manoah schlafen zu legen und nebenbei noch meinen jüngeren Sohn zu stillen. „… wir sind hier für DICH. Wir tun das für DICH! Und jetzt? Jetzt sitze ich hier wieder allein im Krankenhaus voller Sorgen um mein Kind. Warum musste das schon wieder sein? Siehst du uns denn nicht?"

Ich kann generell in Krankenhäusern nicht schlafen. Mir gehen so viele Gedanken durch den Kopf, und das ganze Gepiepe macht mich zusätzlich verrückt.

Mein Mann dagegen schläft wie ein Baby, wenn er im Krankenhaus ist. Das konnte er schon immer.

Wieder einmal lag ich also wach und betete: „Jesus, ist das alles? Ist das meine Berufung, mein Leben lang immer wieder für Wochen mit meinem Sohn im Krankenhaus zu leben und zu hoffen, dass er da lebendig wieder rauskommt?"

Für meinen Sohn verlief die Nacht jedoch gut. Manoah schlief durch und schien am nächsten Tag wieder wesentlich fitter zu sein. Das Fieber war über Nacht verschwunden, sodass die Ärzte uns am nächsten Morgen entlassen konnten.

Wow, doch alles nicht so schlimm! Jesus meint es echt gut mit uns!, dachte ich mir. Das aktuelle Blutbild war unauffällig, aber da er ein Risikopatient ist, gaben uns die Ärzte noch ein Antibiotikum mit.

Das hatten wir schon oft mit nach Hause bekommen. Und damit fühlte ich mich auch oft etwas sicherer.

• • •

Einen Tag ging es gut, dann bekam Manoah wieder starkes Fieber. Aber wir hatten ja noch das Antibiotikum. Doch irgendetwas stimmte einfach nicht. Es war nicht nur Manoahs Zustand, ich fühlte mich selbst so schwach und so angegriffen. Gerade geistlich war dies ein heftiger Kampf für mich. So viele Lügen prasselten auf mich ein: *Ihr seid aber auch naiv, mit einem kranken Kind so weit weg zu fahren. Hättest du mal auf die Menschen gehört, die um dich sind. Ach, ihr seid sowieso zu jung und unerfahren, um hier irgendetwas auf die Reihe zu bekommen. Passt doch besser auf!*

Mit Ibuprofen und Paracetamol im Wechsel versuchten wir, das Fieber in den Griff zu bekommen. Das Antibiotikum musste schließlich irgendwann seine Wirkung zeigen.

Manoah hatte etwas in seinem Körper, das ihn umbringen konnte, und mit dem Antibiotikum, das ihn eigentlich aufpäppeln und den gefährlichen Keim besiegen sollte, machten wir es, ohne es zu wissen, nur noch schlimmer. Denn die Keime wurden durch das Antibiotikum nicht davon abgehalten, sich zu vermehren. Wir hielten sie dadurch lediglich gedeckt.

Das wussten wir zu diesem Zeitpunkt jedoch noch nicht. Die Keime, die ihn so krank machten, waren schon längst im Körper und verteilten sich in der Blutbahn, doch das Antibiotikum dämmte alles andere, sodass sie noch unbemerkt bleiben konnten.

Wir bekamen das Fieber nicht mehr unter 39 Grad. Ich hatte in der Zwischenzeit einen Verband um den Mückenstich gemacht, da sich mittlerweile eine Art Blase um ihn gebildet hatte und ich verhindern wollte, dass Dreck hineinkam. Manoahs Fieber stieg über 40 Grad. Wenn er Ibuprofen bekam, war er nach einer Stunde wieder ein fröhlicher Junge. Doch sobald die Wirkung langsam nachließ, lag er nur noch beinahe regungslos da.

So langsam gingen uns die fiebersenkenden Mittel aus. Unser Sohn war schlapp. Er redete nicht mehr mit uns. Ich hielt es nicht mehr aus, und so fuhren wir ein zweites Mal in die Notaufnahme.

„Oh, da sind Sie ja wieder. Ich sehe, Manoah geht es gar nicht gut!", wurden wir von dem behandelnden Arzt begrüßt. Manoah war inzwischen alles egal. Dieses Mal wies ich so bestimmt auf den Mückenstich hin, dass der Arzt mich aufforderte, den Verband abzumachen. Und wir konnten alle nicht fassen, was wir da sahen. Als wir das letzte Mal da waren, war der Mückenstich nur leicht gerötet, doch jetzt: Der Mückenstich hatte sich innerhalb von einem Tag in einen zwei Zentimeter tiefen Krater verwandelt. Die Ärzte waren geschockt und allen war klar: Dieser Infekt kam von dem Mückenstich und von dem, was sich in diese Wunde gesetzt hatte. Von einem Mückenstich? Das muss man sich mal vorstellen! Mein Sohn schwebte in Lebensgefahr – aufgrund eines Mückenstiches!

Mir wurde heiß und kalt zugleich. Ich wusste, dass wir hierbleiben mussten. Und das wohl für eine längere Zeit.

Wir diskutierten mit den Ärzten, was wohl das Beste für Manoah sei. „Wir müssen sofort einen Zugang legen und Ihren Sohn versorgen. Wir müssen dringend herausfinden, was für ein Keim sich in dem Körper Ihres Sohnes befindet", hieß es.

Ja, aber doch nicht hier?!, antwortete ich innerlich. Mir ratterten Gedanken durch den Kopf. Mein Ehemann und ich wussten, dass es am besten wäre, wenn wir zurück nach Hannover fahren und Manoah von unseren Spezialisten behandeln lassen würden.

Mittlerweile kannten wir uns schon so gut mit der Krankheit aus, dass wir wussten, wo, wie und wann wir diese Krankheit am besten behandeln lassen sollten. Nur zwei Krankenhäuser in Deutschland waren spezialisiert auf die Krankheit Neutropenie, und diese lagen in Tübingen und Hannover. Tübingen war nicht so weit weg, aber aus Erfahrung wussten wir, wenn wir mehrere Wochen im Krankenhaus bleiben müssen, sind wir in Hannover am besten aufgehoben. Den Gedanken, weit weg von zu Hause zu bleiben, konnte ich nicht ertragen. Nicht mit meinem Sohn in Lebensgefahr und einem Säugling, den ich nebenher noch versorgen musste. Also entschieden wir uns für unsere Heimat. Und dann fiel dieser Satz: „Dann müssen Sie hier unterschreiben!" Der Arzt schob uns die Entlassungspapiere hin, ohne die wir das Krankenhaus nicht verlassen durften, um uns auf den Weg nach Hause zu begeben. Die Entlassungspapiere, die bezeugten, dass wir auf eigene Verantwortung das Krankenhaus verlassen würden.

Im Nachhinein betrachtet, war es einfach lebensmüde. Nachdem wir mit den Ärzten in Hannover telefoniert hatten, haben wir tatsächlich auf Eigenverantwortung die Reise nach Hause angetreten. Konkret hieß das: Wenn Manoah auf dem Weg dorthin sterben würde, würde dies in unserer Verantwortung liegen. Genau das mussten wir unterschreiben. Es war auch das Einzige auf dem Papier, was uns laut und deutlich noch einmal gesagt wurde. Und dennoch entschieden wir uns für diese Rückfahrt, da wir wussten, dass wir dort die beste Versorgung erhalten und für uns als Familie die beste Unterstützung bekommen würden.

• • •

Wir mussten noch einmal zurück zum Freizeitort und unsere Sachen packen. Manoah hing nur noch hinten auf dem Autositz, völlig abwesend.

„Manoah, bist du noch da?", fragte ich ihn immer wieder. Er reagierte nicht mehr. Wir beeilten uns noch mehr. Und fuhren schließlich los. Keiner sagte ein Wort. Dann unterbrach mein Mann nach ungefähr einer halben Stunde die Stille: „Ronja, wir fahren direkt am Gebetshaus Augsburg vorbei! Wollen wir dort anhalten und für Manoah und uns beten lassen? Das wäre ein Umweg von gerade einmal 15 Minuten."

Wir taten oft Dinge, die andere als völlig absurd oder unverantwortlich ansehen würden. Oft ging es dabei um die Spannung zwischen dem Bedürfnis nach Kontrolle und menschlicher Vernunft und dem Vertrauen auf einen lebendigen Gott, der heute noch Wunder tut. Eine Spannung, bei der wir uns gern für das für Außenstehende vielleicht riskantere, aber auch so segensreiche Vertrauen entschieden haben. Und oftmals waren gerade das die Momente gewesen, in denen wir Gottes Leitung und Fürsorge besonders erlebten.

Doch in diesem Fall dachte auch ich: *DAS können wir jetzt nicht machen! Ich weiß nicht mal, ob Manoah es bis nach Hannover schafft, und mein Mann will hier auch noch anhalten und für ihn beten lassen?*

Ich sagte nur schroff: „Nein."

Und mein Mann fing im Stillen an zu beten, wie ich später erfuhr: „Jesus, ich würde hier rausfahren. Ja, ich würde dorthin fahren, weil ich den Glauben habe, dass du eingreifst. Doch, Jesus, Ronja muss von sich aus sagen, dass wir dahin fahren, sonst fahre ich direkt nach Hannover!"

In diesem Moment überkam es mich. Ich weiß nicht, wieso, aber plötzlich sagte ich: „Ja, Fritze, fahr hier raus!"

„Ronja, Johannes Hartl wird da sein!"

Dr. Johannes Hartl, der Gründer des Gebetshauses, war uns in den letzten Jahren ein großes Vorbild geworden. Doch ich war immer noch eher mit Unglauben gefüllt und sagte nichts.

Dann kamen wir an. Mein Mann sprang aus dem Auto, ich blieb sitzen und wartete mit den Jungs.

„Ist Johannes Hartl da?", fragte Fritze die Frau am Empfang.

„Haben Sie einen Termin?", entgegnete sie höflich.

„Äh ... nein ... Ich wollte ihn nur kurz sprechen!"

„Tut mir leid, er hat soeben das Gebetshaus verlassen!"

Enttäuscht kam mein Mann zum Auto zurück und erzählte mir davon. „Wollen wir trotzdem für uns beten lassen?" – „Jaaaaa, jetzt sind wir doch schon hier, und die Kraft des Gebetes hängt doch nicht von einer Person ab", antwortete ich. Also stiegen wir aus, aber ich dachte mir immer noch: „WAS machen wir hier?", und hatte so eine Unruhe in mir.

Ich hatte Manoah auf den Arm, mein Mann den Kleinen im *Maxi-Cosi*, und so steuerten wir auf den Eingang zu.

Da kam Johannes Hartl aus dem Gebetshaus. Er hatte etwas vergessen und musste deshalb noch mal zurück.

„Johannes", rief mein Mann. Er fing sofort an zu reden. Ich versuchte, mich höflich zu benehmen, gab ihm erst mal die Hand und stellte mich vor. Mein Mann guckte mich verdutzt an und merkte, dass er das auch hätte tun können.

Doch Johannes Hartl stand da und strahlte eine unglaubliche Ruhe aus, machte uns aber auch klar, dass er wirklich keine Zeit hatte.

Er betete noch schnell für uns auf dem Parkplatz, legte uns ans Herz, noch hineinzugehen und für uns beten zu lassen, dann verschwand er wie im Film zwischen den Büschen, das war wohl eine Abkürzung.

Das war alles?, dachte ich mir. *Das hat jetzt was bewirkt?* Wir gingen noch ins Gebetshaus rein, denn komischerweise hatten wir auf einmal nicht mehr diesen Drang, sofort wieder weiterzufahren. Drinnen trafen wir noch auf zwei andere Menschen, die für uns beteten.

„Was für ein Glaube!", könnte man sagen. „Was für ein Vertrauen! Da steht diese junge Familie an einem heiligen Ort, an dem seit Jahren durchgängig gebetet wird, und ist bereit, den Wettlauf der Zeit um Leben und Tod zu unterbrechen, weil sie wissen, dass Gott alles in der Hand hält. Wie groß muss ihr Glaube sein!" Aber von diesem Glauben war in diesem Moment bei mir nichts vorhanden. Es fühlte sich alles so weit weg an: mein Leben und alles, was es eigentlich sein sollte. Meine Liebe zu Jesus. Ja, Jesus selbst.

Meine Kinder fingen an zu weinen. Sie weinten, ich weinte. Und ich schrie stumm in den Himmel: „Jesus, DAS hast du für uns vorgesehen?"

• • •

Was die Gebete in Augsburg bewirkt haben, weiß ich nicht. Vielleicht waren sie einfach wichtig für die anstehende Fahrt. Ich staune im Nachhinein darüber, mit was für einer Entschlossenheit trotz aller Unruhe wir auf dieses Gebetshaus zusteuerten. Ich bin so dankbar, zurückschauen zu können und zu sehen, dass wir uns damals nicht von unseren Gefühlen haben bestimmen lassen, sondern der Wahrheit gefolgt sind, dass Gottes Gegenwart uns ruhig machen wird und die Gewissheit bringt, dass er alles unter Kontrolle hat.

Nach dem Abstecher ins Gebetshaus hatte ich zwar immer noch Angst, aber tatsächlich war diese Gewissheit in mein Herz zurückgekehrt: Mein Gott ist da. Und hat alles unter Kontrolle.

Mein Mann drückte aufs Gas. Und plötzlich überkam mich eine unglaubliche Dankbarkeit dafür, dass wir mit dem Auto unterwegs waren und uns nicht an irgendwelche Zuglinien halten mussten. Mein Mann ist Kfz-Meister und ist, seit er 17 Jahre alt war, schon immer viel Auto gefahren. Ich fühlte mich deshalb sicher, auch wenn wir unglaublich schnell fuhren.

Wir hatten die ganzen Stunden, ca. 6 Stunden, über keinen Stau, und tatsächlich haben beide Jungs, Manoah sowieso, aber eben auch unser vier Monate altes Baby, komplett durchgeschlafen.

Die Autofahrt war geprägt von äußerer Stille. Und innerer Unruhe. Und vielen WhatsApp-Nachrichten, in denen wir um Gebet baten, Telefonaten mit den Ärzten, dass wir auf dem Weg waren und

nur noch so und so lange brauchten. Wir bekamen von den Ärzten immer wieder nur gesagt: „Beeilen Sie sich!"
In der Notaufnahme standen alle schon bereit, um uns zu empfangen.

● ● ●

Es war eine Autofahrt, die ich nie vergessen werde. Wenn ich heute dran denke, kommen mir immer noch die Tränen, und ein tiefer Schmerz überfällt mich. Sein eigenes Kind nicht mehr (quick) lebendig zu sehen, ist ein entsetzliches Gefühl.

Ich dachte, ich würde mit diesem Schmerz, mit diesen immer wiederkehrenden Situationen klarkommen, aber das konnte ich nicht. Und doch funktionierte ich einfach irgendwie.

Endlich kamen wir an.

Alles ging sehr schnell.

Isoliert.

Allein.

Am Bett.

Und ich konnte nichts tun.

Nichts tun.

Zeiten wie diese waren Zeiten, in denen ich sehr mit Gott gerungen habe. Zeiten, in denen ich stark hinterfragt habe, ob ich mit dieser Familiensituation überhaupt eine Berufene bin. Denn DAS hier konnte keine Berufung sein. Das hier war einfach nur ein Albtraum.

● ● ●

In diesem Buch möchte ich dich mit in meine Geschichte nehmen. Denn ich habe trotz aller Schwierigkeiten und schmerzhaften Phasen erlebt: Wenn wir Gott erlauben, in unserem Leben zu wirken und den Weg mit uns zu gehen, den ER für uns vorgesehen hat, dann werden wir unsere wahre Berufung finden!

Und inzwischen habe ich sie gefunden. Durch viele zermürbende Krankenhauszeiten hindurch. Durch das Vollzeit-Mama-Dasein. Durch einsame, herausfordernde und auch schöne Zeiten. Wie? Das möchte ich dir erzählen – und dich dazu ermutigen, auch deine persönliche Berufung zu finden!

Bist du bereit, Gottes Weg für dich zu gehen? Bist du bereit, ein Leben in seinem Willen zu führen? Ich war es lange Zeit nicht. Doch heute weiß ich, es war die beste Entscheidung meines Lebens, dass ich Gott erlaubt habe, in mein Leben, in meine Ehe, in meinen Alltag und mein ganzes Sein einzugreifen.

KAPITEL 2:

„MADE FOR MORE" – ZU HÖHEREM BERUFEN?!

Ich bin in einem christlichen Elternhaus aufgewachsen. Wenn ich an meine Kindheit zurückdenke, erfüllt dies mein Herz mit großer Freude. Meine Eltern waren immer da für uns. Wir hatten ein großes Haus mit Garten und tolle Nachbarn. Es gibt so viele schöne gemeinsame Erlebnisse, auf die ich zurückblicken kann, und heute bin ich sogar für die Dinge dankbar, die ich damals noch nicht so richtig wertschätzen konnte – gemeinsame Wanderungen zum Beispiel.

Wir wohnten in der Nähe von Hannover, da mein Vater als Opernsänger an der Staatsoper Hannover angestellt war. Nach einiger Zeit verlor mein Vater jedoch diesen Job, und meine Eltern mussten sich überlegen, was sie nun aus dieser Situation machen sollten.

Meine Eltern sind sehr kreative Menschen und bewegten viele Leute mit ihrer Ausstrahlung, ihrem Engagement, ihrem Einsatz und ihrer Leidenschaft zur Musik. So entschieden sie sich, selbstständig zu werden und genau das beruflich zu tun. Ich bin demnach in einer richtigen Musikerfamilie groß geworden. Und das merke ich immer noch in so vielen Dingen, besonders in meiner Liebe zur Musik und darin, dass ich gerade in Lobpreismusik Jesus besonders intensiv begegnen kann. Allerdings bin ich selbst nicht die große Musikerin geworden. Das Talent meiner Eltern haben eher meine Geschwister geerbt. Mich hat man als Kind häufiger auf dem Fußballplatz gesehen als an einem Instrument.

Ich bin die Mittlere. Mein älterer Bruder, Marcel, war und ist mein bester Freund, und meine kleine Schwester Lea war einfach so eine richtige kleine Schwester. Weil meine Eltern als Selbstständige arbeiteten, waren sie die meiste Zeit zu Hause, und so bekamen sie viel mit aus unserem Leben. Sie begleiteten uns durch alle Lebensphasen, waren wahre Ermutiger und gaben 120 Prozent – vor allem bei unseren ausgefallenen Geburtstagspartys.

Mit meinen Geschwistern verstand ich mich meistens gut, aber am besten war die Zeit, wenn wir eigentlich ins Bett sollten. Dann waren wir drei ein eingeschweißtes Team! Wir taten alles dafür, dass wir immer noch ein paar Minuten herausschinden konnten. Wir verkleideten uns, rannten singend durchs Haus, brachten unsere Eltern zum Lachen, holten die Springseile und Mikros raus und machten so lange Quatsch, bis der Satz fiel: „Sooooo, jetzt aber wirklich ab in die Koje!"

Ja, ich bin sehr dankbar dafür, dass wir wirklich behütet und so voller Wertschätzung aufwachsen durften. Die erfahrene Wertschätzung und Liebe in meiner Familie und das Wissen, einander zu sehen und miteinander unterwegs zu sein, prägten meine Kindheit. Und noch etwas prägte sie: der Glaube. Gemeinsame Gebete, dass meine Mutter uns immer segnete, bevor wir morgens das Haus verließen, und die Gottesdienstbesuche am Sonntag waren immer fest eingeplant.

Ich kannte Jesus. Ich kannte die Kirche.

Obwohl wir auf dem Dorf wohnten, gingen wir in der Großstadt Hannover in die methodistische Kirche. Der Weg dorthin war etwas weiter, außerdem mussten wir immer sehr viel früher da sein, da meine Eltern oft den Lobpreis leiteten. Doch das war für uns Kinder kein Problem.

Wir gingen gerne in die Kinderkirche, lernten alle wichtigen biblischen Geschichten kennen wie die von Noah, König David und natürlich von Jesus und seinen Jüngern. Wir verbrachten christliche

Familienfreizeiten zusammen, waren als Familie aktiv bei großen christlichen Konferenzen, und durch meinen kirchlichen Unterricht (ähnlich wie der Konfirmationsunterricht) und meine Taufe fühlte ich mich in dieser Kirche sehr zugehörig.

Für mich bedeuteten Glaube und Kirche damals, eine feste Gruppe zu haben (wie den Teenkreis) und an kirchlichen Aktivitäten teilzunehmen. Kirche war für mich eine Institution für besondere Anlässe, eine Anzahl von Ritualen und Gewohnheiten (beten, segnen, Gottesdienste feiern) und eine bestimmte Art und Weise, wie man miteinander umgeht.

Ich bin dankbar für diese Jahre in der methodistischen Kirche und für die Dinge, die ich dort erleben durfte, aber ich bin auch dankbar, dass Jesus mir Stück für Stück gezeigt hat, dass es bei seiner Kirche um mehr geht als nur um das, was ich mir darunter vorstellte.

MEINE PERSÖNLICHE ENTSCHEIDUNG – AUCH OHNE „BESONDERE STORY"

Als ich zwölf war, lud Jesus mich ein, einen Schritt weiterzugehen. Meine Mama hatte herausgefunden, dass es im Nachbardorf eine andere Gemeinde, die EFG Arpke, gab, die sehr viel für Kinder und Jugendliche veranstaltete. Und dass meine Mama diese Gemeinde entdeckt hatte, sollte mein Leben komplett auf den Kopf stellen – und das tut es heute immer noch!

Die Veränderung begann mit dem *Sommerlager Hannover*, einem großen Zeltlager für Kinder und Jugendliche, das hauptsächlich von dieser Gemeinde getragen wird. Ab neun Jahren darf man daran teilnehmen, und ich bin bis heute jedes Jahr dabei gewesen.

„Die beste Zeit des Jahres!", sagen viele Teilnehmer und Mitarbeiter, oder auch „die fünfte Jahreszeit". Mittlerweile dauert das

Sommerlager fünf Wochen lang, und pro Woche laufen an die 250 Menschen über den Zeltplatz. Das Sommerlager ist für mich: eine Woche Zelten, 200 Kinder oder Jugendliche, der Glaube als Abenteuer und liebevolle Mitarbeiter, die dich besonders im Blick haben und dir die Liebe von Jesus zeigen.

Und ein Abend auf einem meiner ersten Sommerlager ist mir bis heute stark in Erinnerung geblieben: der Lobpreisabend auf dem Sommerlager 2007. Ich liebte diese Abende immer sehr. Schon damals war Lobpreismusik für mich besonders und ein Schlüssel, um etwas wie eine Gottesbegegnung zu erleben. Ich war bewegt von der Musik und ließ meine Gedanken schweifen.

Dann kam eine kurze Predigt. Ich kann mich heute nicht mehr genau erinnern, worum es ging, doch am Ende gab es einen Aufruf, eine Einladung, ganze Sache mit Jesus zu machen.

Vorne auf der Bühne wurde angesagt, dass wir uns heute bewusst für Jesus und ein Leben im Glauben entscheiden könnten.

Ich fühlte mich erst überhaupt nicht angesprochen, schließlich hatte ich Jesus doch schon immer in meinem Leben.

Ein Dilemma, das vor allem Menschen kennen, die mit Jesus quasi groß geworden und ganz behütet aufgewachsen sind. Ein Dilemma? Verrückt eigentlich, dass ich das so bezeichne. Es ist doch eigentlich ein umso größerer Segen, oder nicht? Ist es nicht verrückt, dass wir manchmal Menschen beneiden, die „eine krasse Story" mit Jesus erlebt haben? Die erst Schlimmes erlebt haben, im tiefsten Tief waren und DANN aber eine krasse Gottesbegegnung hatten?

Ja, ich habe es geliebt, diese Storys zu hören, und irgendwie habe ich mir tief im Inneren gewünscht, auch so eine besondere Geschichte erzählen zu können. Ich wollte auch eine krasse Story haben, die die Menschen ins Staunen darüber bringt, dass Jesus so etwas in meinem Leben getan hat: dass es mit ihm möglich ist, aus dem Drogengeschäft herauszukommen, dass Jesus befreien kann von Magersucht, Depression oder körperlicher Gewalt. STOPP! Lasst uns nicht auf diese „krassen Geschichten" neidisch sein.

Ja, lasst uns darüber staunen, dass diese Menschen Jesus so „krass" erlebt haben, und lasst uns Gott die Ehre dafür geben, dass er in solchen Geschichten so sichtbar wird. Aber lasst uns nicht den „behüteten Weg" geringschätzen, den Gott mit uns gegangen ist. Lasst uns nicht vergessen, was für ein Segen es ist, in einem Haus ohne Gewalt und in einem freundlichen Miteinander aufgewachsen zu sein.

Gerade unsere Erfahrungen in der Kindheit und Jugend prägen unser gesamtes Leben so sehr – wie schön ist es da, wenn wir von klein auf geprägt wurden von dem Gefühl, geliebt zu sein und gesehen zu werden, und wenn wir schon früh die Kraft der Vergebung kennenlernen durften und mit der tiefen Gewissheit groß wurden, dass es einen guten Gott gibt. Das ist nicht selbstverständlich, sondern ein „krasses" Geschenk!

Deshalb glaube nicht, dass deine Geschichte nicht besonders genug ist, um erzählt zu werden. Jede Geschichte, die Gott mit einem Menschen schreibt, ist einzigartig und wertvoll.

Das durfte ich inzwischen mehr und mehr erkennen, aber damals im Zelt sah ich nur, dass mein Leben irgendwie langweilig war.

Ich saß da.

Und hatte keine besondere Story.

Keinen krassen Wendepunkt.

Und doch weiß ich heute, dass es so wichtig für mein weiteres Leben war, noch mal eine Entscheidung zu treffen, die später tatsächlich zu einem Wendepunkt führte. Denn Jesus verändert IMMER. Auch wenn dein Leben vorher stinknormal schien und eigentlich alles gut lief. Auch wenn du meinst, du hättest keine besondere Story. Lass dich von Gott gebrauchen, denn deine ganz persönliche Geschichte zählt.

• • •

Einige Mitarbeiter standen auf und gingen nach hinten. Zu ihnen konnten die anderen Kinder gehen und für sich beten lassen. Ich ging davon aus, dass ich diese Entscheidung nicht mehr treffen musste, da ich doch schon immer Christ war. Und ich dachte, dieser Schritt müsste nicht öffentlich gemacht werden. Das stimmt natürlich, denn diese große Entscheidung kann auch heimlich, leise und allein getroffen werden, aber ich habe es inzwischen immer wieder erlebt, dass es so wertvoll ist, wenn man diesen Schritt mit jemandem gemeinsam tut.

Die ersten Teilnehmer standen auf und eine ganze Zeit verstrich.

Die Band spielte weiter Musik, ich sah, wie Kinder weinten, lachten, sich umarmten. Die Musik übertönte dabei ganz gut das Gemurmel, das im Zelt herrschte. Es war einfach schön, dazusitzen, der Musik zu lauschen und dem Scheinwerferlicht zuzuschauen, das zu ihr tanzte. Ich liebte das Sommerlager, und doch kam ich mir gerade in diesem Moment irgendwie etwas überflüssig vor.

Doch auf einmal hatte ich das Gefühl, als ob mich jemand anstupste: „Hey du! Möchtest du mit mir gehen?"

Ich wunderte mich. Wo kam dieser Satz in meinem Kopf her? Und wenn das Jesu Stimme war und seine Frage – das wäre noch komischer gewesen, schließlich war ich doch schon so lange mit ihm unterwegs!

Aber diese Frage blieb: „Willst du mit mir gehen? Komm."

Gott ruft dich. Und du darfst antworten. Ja, er ruft genau dich. Und genau von dir möchte er eine Antwort haben. DICH will er. DEIN Herz ist ihm wichtig.

Und eine konkrete Frage bedarf einer konkreten Antwort.

Langsam, ganz langsam wurde mir bewusst, dass tatsächlich ICH gemeint sein konnte. Ich gemeint WAR. Der Glaube war zwar immer irgendwie normal in meinem Leben gewesen, aber ich hatte mich noch nie selbst entschieden – unabhängig von meiner Familie, meinen Freunden und dem, was ich gelernt hatte –, mein Leben mit Jesus zu leben.

So stand ich entschlossen auf, suchte irgendeine Mitarbeiterin, die ich kannte, und stammelte aufgeregt:

„Ich will! Keine Ahnung, wie genau, aber ich liebe diesen Jesus, und ich will das!"

Sie nahm mich in den Arm und ich spürte ihre wahre Freude. Für die Mitarbeiter und Mitarbeiterinnen auf dem Sola (Sommerlager) sind das immer die „Paradiesmomente", wenn wieder jemand Neues in die Familie Gottes aufgenommen wird.

An diesem Abend entschied ich mich also, ein Kind Gottes zu sein und das zum tiefsten Kern meiner Identität zu machen. Ich war damals zwölf Jahre alt.

Ich ließ mich daraufhin in meiner Gemeinde taufen, doch was das wirklich für mein Leben bedeuten sollte, dass ich diesem herrlichen Jesus nun nachfolgen würde, zeigte sich erst später.

ER RUFT – AUCH DICH!

Damals, mit 12 Jahren, bin ich das erste Mal bewusst in meine erste und wichtigste Berufung eingetreten: Ich bin geschaffen für mehr. Ich bin nicht einfach nur ein Wesen, das per Zufall entstand und sich hier ein schönes Leben auf der Erde machen soll. Ich bin zutiefst geliebt und zu etwas Großartigem berufen.

In dem Wort Berufung steckt das Wort Ruf. Unserer konkreten Berufung geht immer erst dieser Ruf Gottes voraus. Egal, wie alt du bist, egal, was für einen Job du machst, egal, ob du von Jesus schon gehört hast oder nicht – Gott ruft jeden von uns. Er ruft uns, SEIN Kind zu werden. Indem wir Ja zu seinem Sohn Jesus Christus sagen, werden wir in die himmlische Familie aufgenommen (vgl. 1. Johannes 3,1).

Ich möchte dir an dieser Stelle ein paar Worte meiner Freundin Swantje mitgeben und sie erzählen lassen, wie sie diese „erste Berufung" erlebte. Swantje und ich hatten uns damals in der 11. Klasse kennengelernt und gemeinsam unser Abitur gemacht. Sie ist eine Frau, die ich damals wie heute so sehr schätze und liebe. Wir hatten in unserer Jugend so viel Spaß zusammen und waren einfach unzertrennlich. Doch eines unterschied uns: Ich war Christin und sie Atheistin. Und doch waren wir die engsten Freunde. Doch nun lasse ich sie einmal zu Wort kommen:

„Als ich von meinem Arzt die Diagnose Multiple Sklerose bekam, spürte ich, dass es dran war, mir diese Warum-ich-Frage zu stellen. Diesen Gott, an den meine Freundin Ronja so fest glaubte, kannte ich nicht. Und trotzdem ahnte ich, dass er nicht einfach nur eine Illusion von ihr sein konnte. Wir unterhielten uns oft über ihn und darüber, was Ronja schon mit ihm erlebt hatte. In diesen Momenten bagatellisierte ich jedoch ihre Erfahrung mit Gott, und mein Verstand arbeitete auf Hochtouren, um Gegenargumente für das Wirken Gottes zu finden. Und dennoch nahm ich mir genau diese Gespräche zu Herzen, wenn ich einmal still wurde. Ich dachte über Ronjas Worte nach und spürte irgendwie, dass es wirklich mehr geben musste. Und von wem sollte ich eine Antwort auf diese Warum-ich-Frage bekommen, wenn nicht von Gott?

Irgendwann wurde mir bewusst, dass ich so nicht weiterkommen und stehen bleiben würde. Mein Freund und meine Familie leisteten mir in dieser Zeit zwar Beistand wie Worten wie ‚Du bist stark‘ oder ‚Dir kann diese Krankheit gar nichts‘ – und ja, ich fühlte mich stark. Ich konnte diesen Aussagen zustimmen, und doch spürte ich, dass da mehr hinter dem Ganzen steckte. Ich fing an, darauf zu vertrauen, dass ich noch erfahren würde, wofür diese Krankheit gut gewesen sei. Mein Herz veränderte sich und mein Glaube an einen höheren Plan für mein Leben fing an zu wachsen. Dieser neue Gedanke nahm mir meine erste Angst.

Jeder von uns ist sich darüber bewusst, dass wir augenblicklich von Situationen überrollt werden können, die zunächst unberechenbar erscheinen. Das Ganze kann sich aussichtslos anfühlen, vor allem, wenn du deinen Weg (noch) nicht mit Gott gehst und nicht weißt, dass dieser Gott deinen Weg bereits lange vor dir kennt und auch weiß, warum er dich auf genau diesen Weg geschickt hat. So hatte auch ich in dieser Situation damals nur wenig Hoffnung in mir. Ich lernte, mich mit meinem Körper auseinanderzusetzen, tat alles dafür, dass mein Körper keine Einschränkungen erlitt. Und es gelang mir. Doch nichtsdestotrotz war da eine tiefe Traurigkeit in mir, die ich plötzlich wahrnahm. Ich dachte in dieser Zeit viel über Ronja und ihren Glauben nach. Natürlich war Ronja in einigen Situationen auch mal traurig, doch diese Traurigkeit meine ich nicht. Sie darf sein und kann in bestimmten Lebenslagen sogar sehr wichtig sein. Doch meine Trauer war eine andere. Sie zeigte sich vielmehr in einem Gefühl der Aussichtslosigkeit – mein Leben war ohne einen Sinn.

Wenn ich diesen Gott kennenlernte, würde diese Aussichtslosigkeit dann verschwinden? Gäbe es dann etwas Hoffnung für mich? Was würde passieren, wenn nicht nur mein Körper gut funktionieren würde, sondern wenn Körper, Geist und Seele in Einklang gerieten? Genau das wollte ich für mich herausfinden und entschied mich deshalb, in der Bibel zu lesen und mein Herz für Gottes Wort zu öffnen. Und Gott ließ mich erkennen, dass die Bibel tatsächlich sein Wort ist, dass sie so lebendig ist! Jesus offenbarte sich mir als der Geber aller guten Gaben. Situationen, die ich einst als Zufall hingenommen und manchmal nicht hatte begreifen können, durfte ich von nun an dankend als Segen annehmen und verstehen lernen. Ja, Gott hat sich mir in seiner unbeschreiblichen Liebe als langmütig und gnädig offenbart." – Swantje Mache

So antwortete meine Freundin Swantje auf Gottes heiligen Ruf. Und dieser Ruf gilt allen und ist für alle gleich. Die konkrete Berufung dagegen ist für jeden – zumindest ab einem bestimmten Punkt – individuell.

GERUFEN ZU WERDEN – WIESO HABEN WIR DAS ÜBERHAUPT NÖTIG?

Durch die Sünde, unseren Zustand des „Getrenntseins-von-Gott", wie die Bibel es in ihrem ersten Buch beschreibt, sind wir heimatlos geworden, irren durch diese Welt und suchen einen Sinn in unserem Leben. Wir versuchen, einen Ort zu finden, an dem wir einfach nur SEIN dürfen. Wir sehnen uns danach, dass jemand nach uns ruft, um uns einen Ort zu zeigen, wo wir willkommen sind. Wir suchen diesen Ort überall, aber meistens nicht bei Gott. Wir suchen ihn in Beziehungen, in der Sexualität, in unserer Karriere oder in der Bestätigung unseres Äußeren. Und doch können wir ihn nur finden, wenn wir Gottes Ruf folgen.

Gott ruft dich. Und er ruft dich aus deinem Hamsterrad heraus. Gott ruft dich, weil er weiß, dass seine Gegenwart alles ist, was du brauchst. Und zwar jeden Tag aufs Neue.

Gott rief mich im Jahr 2007, und er ruft mich bis heute jeden Tag neu zu sich. Jeden Tag? Ja, denn ich mache jeden Tag wieder Fehler und brauche ihn, um mir den Weg zu zeigen. Jeden Tag neu.

• • •

Viele Menschen haben von Gott das Bild, dass er auf seinem Thron sitzt, alt ist, vielleicht einen weißen Bart hat, zumindest aber etwas schwerhörig ist, oder aber einer ist, der uns nur herumkommandiert und uns sagt, was zu tun oder zu lassen ist. Doch diese Bilder haben nichts mit dem Gott, den ich kenne, gemeinsam. Mein Gott ist voller Herrlichkeit, voller Liebe, voller Gnade und voller Sanftmut.

Und mit all diesen wunderbaren Eigenschaften ruft er mich. Und dich.

Er ruft dich nicht mit einem scharfen Ton, der keine Wahl zulässt, wie ein Offizier, sondern voller Liebe, Gnade, Geduld und ohne Druck.

Meine Schwiegereltern hatten vor einigen Jahren einmal zwei Schafe. Wusstest du, dass sich Schafe bewusstlos fressen können? Also, sie sind schon ein bisschen dumm, diese Tiere. Doch diese Schafe kannten ihren Hirten, also meinen Schwiegervater, und folgten seinem Ruf. Wenn meine Schwiegereltern im Urlaub waren, hatte mein Mann die Aufgabe, die Tiere zu versorgen. Es kam allerdings auch vor, dass sie ausgebüxt waren – und das passierte in regelmäßigen Abständen. Dann rannte Fritze ihnen mit einem Besen in der Hand hinterher. Das war immer sehr amüsant anzusehen, denn die Tiere liefen nur noch weiter weg und hörten einfach nicht auf meinen Mann.

Mein Schwiegervater rief seine Schafe und sie kamen sofort. Es faszinierte mich, dass er nur in ihr Blickfeld kommen musste und die Schafe kamen schon angerannt. Sie wussten, ihr Versorger liebte sie und wollte ihnen nur Gutes.

Genauso ist es bei Gott, der sich in der Bibel immer wieder als unser guter Hirte vorstellt (vgl. Psalm 23,1). Es gibt sogar eine Bibelstelle, in der es heißt: „Meine Schafe hören auf meine Stimme" (Johannes 10,27). Jesus wünscht sich, dass du ein Schaf seiner Herde wirst und auf seine Stimme, seinen Ruf hörst.

Er bietet dir an, ein Zuhause bei ihm zu finden. Und wisst ihr was: Er ruft jeden von uns, jeden Einzelnen. Denn Gott hat sich schon längst dazu entschieden, dein Hirte und dein Versorger sein zu wollen. Er hat sich schon längst entschieden für uns, für dich, für mich.

Für mich, die jeden Tag versagt. Für mich, die schlecht über andere redet. Für mich, die ständig an ihrem Ehemann herumnörgelt. Für mich, die oft vergisst, wer Gott wirklich ist.

Und genauso hat er sich für dich entschieden.

Er hat sich schon für dich entschieden, lange bevor du dich für Gott entscheiden konntest. Er formte dich im Leib deiner Mutter und hatte schon immer gute Gedanken über dich (vgl. Jeremia 1,5).

Ich staune immer wieder darüber, dass dieser allmächtige Gott, der alles erschaffen hat, mit MIR eine Beziehung eingehen will. Dabei habe ich das so was von nicht verdient, und ich weiß, dass Gott auch absolut nicht abhängig von mir ist. Doch er lädt mich ein, ein Teil seiner Herrlichkeit zu werden. Dabei zu sein, sein Reich zu bauen. Aber vor allem: sein Königskind zu werden.

Gott ruft dich! Und du darfst entscheiden, ob du diesem Ruf folgen willst oder nicht.

Bevor du also in deine konkrete, individuelle Berufung eintrittst, heißt es zuerst, einfach zu Jesus zu kommen. „Er hat uns ja errettet und berufen mit einem heiligen Ruf, nicht aufgrund unserer Werke, sondern aufgrund seines eigenen Vorsatzes und der Gnade, die uns in Christus Jesus vor ewigen Zeiten gegeben wurde" (2. Timotheus 1,9; Schlachter 2000).

Das Schöne ist: Du kannst und du musst dir diesen Ruf nicht erarbeiten. Er gilt dir seit Anbeginn der Zeit, noch bevor du überhaupt geboren wurdest, geschweige denn irgendetwas leisten konntest.

Gott ruft dich mit einem „heiligen Ruf". Und genauso wie es im 2. Timotheus-Brief steht, ruft er uns nicht, weil wir so viele gute Taten vollbringen oder uns besonders heilig verhalten. Es sind vielmehr seine Liebe und seine Gnade, die es dir überhaupt erst ermöglichen, heilig zu sein. Ich kann mir die Liebe Gottes nicht erarbeiten, er liebt mich einfach so. Heilige Menschen sind eben nicht die, die durch einen hohen Titel, ein makelloses Leben oder einen besonderen Grad an persönlicher Reife das Etikett „heilig" erhalten haben. Die Bibel sagt ganz deutlich, dass wir Heilige sind DURCH den heiligen Ruf, mit dem Gott uns ruft. Wir sind heilig, WEIL Gott uns zum Heiligsein berufen hat. Weil er, der Heilige, uns erwählt und gerufen hat.

Ist es nicht verrückt, annehmen zu dürfen, dass du nicht mehr oder weniger heilig sein kannst, als du es jetzt gerade bist? Denn wenn wir auf Gottes heiligen Ruf antworten, dann macht uns das heilig und nicht unser heiliges Verhalten. Denn indem wir zu Gott Ja sagen und zu dem, was sein Sohn Jesus am Kreuz für uns getan hat, nehmen wir das Geschenk der Vergebung an und werden reingewaschen von aller Schuld – und dadurch geheiligt.

Ich denke ja oft, mein Pastor, meine Eltern oder die Gemeindemitarbeiter sind heiliger als ich. Nein, Gott beruft uns *alle*, Heilige zu sein. Eine Geschichte aus dem Andachtsbuch „Überlebensgeschichten für jeden Tag"[6] von Axel Kühner, bewegte mich sehr:

„Der ägyptische Eremit Makarius soll Gott einmal gefragt haben, welchen Grad der Heiligkeit er nach mehreren Jahren des Fastens und Betens in der Einsamkeit erlangt habe. Im Traum erschien ihm ein Engel und antwortete, sein Grad an Heiligkeit sei noch lange nicht so hoch wie der, den zwei Frauen in der nächsten Stadt erreicht hätten. Er solle sie aufsuchen und von ihnen die bessere Heiligkeit lernen.

So ging Makarius in die Stadt und fand die beiden Frauen. Es waren zwei ganz gewöhnliche Hausfrauen. ‚Worin besteht das Geheimnis eurer Heiligkeit?‘, wollte er von ihnen wissen. Seine Frage erstaunte sie. Ihre Beschäftigung bestand darin, gut für ihre Ehemänner und die Kinder zu sorgen. Zum Beten hatten sie nicht so viel Zeit wie Makarius, und die Bibel konnten sie nicht lesen, weil sie Analphabeten waren. Sie nannten sich ‚arme Frauen mit vielen Sorgen‘. Makarius fand heraus, dass sie mit zwei Brüdern verheiratet waren. Sie lebten gemeinsam unter einem Dach, stritten aber niemals miteinander, und kein einziges hartes Wort trübte ihre Beziehung. Von ihnen lernte Makarius, dass ein Zusammenleben in Liebe, in dem man die Spannung mit dem Geist der Versöhnung austrägt, ohne verletzende Worte und neidische Blicke, in den Augen Gottes kostbarer sein kann als viel Fasten und Beten."

Meinen „heiligen Status" erhalte ich nicht durch harte Arbeit, sondern einzig und allein durch meine Entscheidung, auf Gottes

---

6 Alex Kühner: Überlebensgeschichten für jeden Tag. Neukirchener Aussaat. Neukirchen-Vluyn 2010.

heiligen Ruf zu antworten. Es ist so einfach: Ich BIN eine zur Heiligkeit BERUFENE. Du musst nicht, BEVOR du zu Gott kommst, alles ins Reine gebracht haben. Denn genau das ist das Geschenk, das Gott dir machen will. Er ruft uns, BEVOR wir alle Dinge ins Reine gebracht haben. Er ruft uns zu sich, damit er selbst die Dinge ins Reine bringen kann. Das ist das Evangelium! Das ist die gute Botschaft!

Damals als junges Mädchen entschied ich mich dafür, den Schritt bewusst zu gehen und eine Beziehung mit Jesus einzugehen – seinem heiligen Ruf zu folgen.

• • •

Ja, ich entschied mich schon damals dafür, diesem Ruf zu folgen, aber ich habe in den letzten Jahren erlebt, dass ich mich immer wieder für diesen Ruf entscheiden darf und muss.

Eine meiner Lieblingsstellen in der Bibel steht im Matthäusevangelium. Dort wird erzählt, dass Jesus Fischer, ganz einfache, ungebildete Leute, zu sich ruft: „Kommt, folgt mir nach! Ich werde euch zu Menschen machen, die andere für Gott gewinnen" (Matthäus 4,19). Jesus ruft diese Männer, und nachdem sie auf seinen Ruf eingegangen sind, führt er sie in ihre konkrete Berufung. Doch als Erstes sagt er zu ihnen: „Folgt mir nach!"

Ihre konkrete Berufung, Menschenfischer zu werden, setzt voraus, Jesus zu folgen, ihn kennenzulernen, von ihm zu lernen und einfach mit ihm unterwegs zu sein. Sie haben wahrscheinlich nicht mehr alles regeln können, nicht jede Schuld begleichen und jede Beziehung in Ordnung bringen können, bevor sie ihm folgten. Sie waren am See, wo sie arbeiteten, und folgten einfach diesem Ruf.

Gott ruft uns, seine Kinder zu sein. Und wenn Gott der König ist, dann sind wir Königskinder. Die Bibel sagt, dass Gott ein treuer, liebender, hingebungswürdiger und gerechter Vater ist, wie es vor allem im Gleichnis vom verlorenen Sohn in Lukas 15,11–32 deutlich wird, aber auch in etlichen anderen Bibelstellen wie:

„Wir haben erkannt, dass Gott uns liebt, und wir vertrauen fest auf diese Liebe. Gott ist Liebe, und wer in dieser Liebe bleibt, der bleibt in Gott und Gott in ihm" (1. Johannes 4,16).

„Seht doch, wie sehr uns der Vater geliebt hat! Seine Liebe ist so groß, dass er uns seine Kinder nennt – und wir sind es wirklich!" (1. Johannes 3,1).

„Preist den Herrn, denn er ist gut, und seine Gnade hört niemals auf" (1. Chronik 16,34).

Ich persönlich habe mich damals entschieden, diesem Ruf zu folgen, weil ich jemandem folgen wollte, der IMMER gut zu mir ist. Und ich glaube, wenn wir Gottes Gegenwart erst einmal geschmeckt haben, wenn wir erkannt haben, dass wirklich Wahrheit und Leben in Jesus zu finden sind, dann können wir kaum noch anders, als ihm zu folgen. Und dann glauben wir ihm auch, was er über den Vater sagt, nämlich dass er gut ist und uns über alle Maßen liebt.

Vielleicht hast du selbst noch nie so einen Vater erlebt. Vielleicht wurdest du nie gesehen von deinem Vater oder hattest vielleicht sogar Angst vor deinem Vater und bist wütend auf ihn.

Dann lade ich dich ein, alle Vorurteile und Verletzungen abzulegen.

DENN GOTT IST ANDERS.

Woher ich das weiß? Ich möchte die nächsten Zeilen dazu gebrauchen, um dir durch Auszüge aus der Bibel zu zeigen, WER Gott ist und WIE er ist.

Gott ist es, der uns zuerst erwählt hat: „Nicht ihr habt mich erwählt, sondern ich habe euch erwählt" (Johannes 15,16).

Gott ist es, der mich sieht: „Ich gehe oder liege, so bist du um mich und siehst alle meine Wege" (Psalm 139,3; LU)

Gott ist der, der mir hilft, mich rettet und gleichzeitig über mir jubelt: „Der HERR, euer Gott, ist in eurer Mitte; und was für ein starker Retter ist er! Von ganzem Herzen freut er sich über euch. Weil er euch liebt, redet er nicht länger über eure Schuld. Ja, er jubelt, wenn er an euch denkt!" (Zefanja 3,17).

Je mehr mir diese Dinge klar werden und ich mich immer wieder an sie erinnere, desto stärker wird in mir das Vertrauen darauf, dass dieser Gott, der mich ruft, derjenige ist, bei dem ich auch sein WILL. Du kannst dir diese Bibelstellen zum Beispiel irgendwo aufhängen, wo sie dich immer wieder an diese biblischen Wahrheiten erinnern. Und indem wir uns immer mehr darüber bewusst werden, wie Gott über uns denkt und fühlt und wie er uns begegnet, desto mehr wächst der Hunger nach seiner Gegenwart und desto leiser werden die Lügen in unserem Kopf, die immer wieder versuchen, uns davon abzuhalten, IHM zu folgen und zu vertrauen.

KAPITEL 3:

BERUFEN, NEU ZU SEIN

Die Entscheidung, sein Leben nicht einfach für sich selbst zu leben, sondern es Jesus anzuvertrauen, hat Auswirkungen, und die können sehr unterschiedlich aussehen. Die Geschichten von meinem Mann und mir zum Beispiel sind so verschieden, dass ich euch gerne mit in sie hineinnehmen möchte.

„Gehört also jemand zu Christus, dann ist er ein neuer Mensch. Was vorher war, ist vergangen, etwas völlig Neues hat begonnen" (2. Korinther 5,17).

So steht es in der Bibel, und so verhält es sich auch – aber bei dem einen dauert es etwas länger, bis dieses Neue auch sichtbar wird, und bei dem anderen geht es schneller. So wie bei Fritze.

Ich sah ihn das erste Mal auf dem Geburtstag meines älteren Bruders. Da war ich gerade zwölf Jahre alt.

Fritze war nie mein Typ. Er war sehr schlank, eher klein, hatte immer sehr seltsame Haarschnitte und er war rothaarig! Genau all die Dinge, die NICHT auf meiner Liste für meinen „Traummann" standen. Doch er verliebte sich an diesem Tag in mich und ließ mich seitdem nie wieder los. Und das war wirklich so. Als wir drei Jahre später zusammenkamen, sagte er mir, dass er an diesem Tag zu seinen Freunden gesagt hatte: „Diese Frau will ich heiraten und keine andere!"

• • •

Fritze wuchs in meinem Nachbarort auf, etwa fünf Kilometer entfernt von unserem Haus. Er gehörte zu einer Großfamilie mit drei Geschwistern und war ein Kind einer richtigen „Gemeindefamilie". Er ging in alle Gruppen und war bekannt in der Gemeinde. Als ich ihn das erste Mal so richtig kennenlernte, war er 18 Jahre alt und ich 15. Doch was ich nicht wusste, war, dass er zum damaligen Zeitpunkt noch ein Doppelleben führte.

Ja, Fritze war ein „Gemeindekind" und machte bei allen Aktionen mit. Doch außerhalb dieser Aktionen trank er viel Alkohol, war der Clown in seiner Klasse, und Zocken und Partymachen zählten zu seinen größten Leidenschaften.

Ja, er zockte wie ein Weltmeister. Selbst vor der Schule wurde schon eine Runde gezockt, oder es wurde gar nicht erst geschlafen in der Nacht und dann direkt zur Schule gegangen. Er trank bewusst viel Alkohol, um „abgehärtet zu sein", und trotzdem war er der Erste, der betrunken war. Er war immer überall dabei und hat mit Mädels etwas gestartet, um Anerkennung zu bekommen und beliebt zu sein.

Daneben ist er erst donnerstags in den Teenkreis, später freitags in die Jugendgruppe gegangen. Er kannte sich mit der Bibel aus, konnte mitreden, und sonntags stand selbstverständlich der Gottesdienst auf dem Programm.

Ich ging damals noch zum Teenkreis, er, da er drei Jahre älter ist, war mittlerweile schon in der Jugendgruppe, die man erst ab 16 Jahren besuchen durfte.

Er versuchte damals alles, um meine Aufmerksamkeit zu bekommen. Zum Beispiel schenkte er mir einen Kinogutschein zum Geburtstag. Als er vor mir stand, wusste ich nicht mal wirklich, wer er war, und statt seinen angedeuteten Umarmungsversuch zu erwidern, streckte ich ihm kühl die Hand entgegen.

Ein Kinobesuch! Ich schrieb ihm noch am Abend meines Geburtstages eine Mail (SMS war damals einfach noch zu teuer!), dass wir gern ins Kino gehen könnten, er sich aber keine Hoffnung machen sollte.

Er brachte mich auch oft nach Gemeindeveranstaltungen mit dem Auto nach Hause, in der Hoffnung, bei mir zu punkten. Ich nutzte dies aber einfach nur aus, um nicht mit dem Fahrrad fahren zu müssen. Ja, ich war ganz schön gemein, und ich muss ehrlich zugeben, dass ich als Teenager auch nicht so einfach war. Ich sah nur mich; Hauptsache, *ich* wurde geliebt und gesehen. Was mit den anderen um mich herum passierte, war mir relativ egal. Solange sie gut zu mir waren und ich davon profitierte, war alles gut. Doch wenn es Probleme gab, rannte ich weg und suchte mir einen neuen Ort, wo ich Aufmerksamkeit bekommen konnte. In mir steckte eine große Sehnsucht nach Anerkennung und Liebe, und ich gab viel dafür, sie zu bekommen.

EIN MANN UND EINE RADIKALE VERÄNDERUNG

Schon länger als drei Jahre kämpfte Fritze um mein Herz. Doch aufgrund meines Alters, meines ständigen „Busy-Seins" und meinem Festhalten an meinen Vorstellungen von meinem Traummann kam er absolut nicht an mich ran. Ich ging stattdessen einige Beziehungen mit anderen Jungs ein, merkte aber immer wieder schnell, dass ich mich vor allem danach sehnte, einen Partner zu haben, der Jesus liebte.

Und dann kam Nathanel Gräfe, ein FSJler, der unsere Gemeinde für ein Jahr bereichern sollte. Ein Mann, der erfüllt war von Gottes Liebe und der nicht alles mitmachte, was andere Jugendliche so machten. Fritze und seine Freunde hingegen schossen sich immer noch jedes Wochenende mit Alkohol ab, und eigentlich pfiff er außerhalb der Gemeinde auf sein Christsein.

Doch Nathi wurde sein Freund, und Fritze spürte und erlebte, dass es mehr geben musste als das, was er gerade lebte. Mehr, als das Wochenende betrunken zu sein. Mehr, als mit Mädels herumzuflirten. Er merkte, dass er so sein wollte wie Nathi – oder zumindest wollte er diesen tiefen Frieden, dieses „mehr" in sich haben, das er bei ihm wahrnahm.

Fritzes Leben begann sich zu verändern. Er hinterfragte sein Handeln, sein Auftreten, seine Worte und seinen Umgang mit seinen Mitmenschen. Doch auch wenn innerlich schon viel passierte, lebte er trotzdem erst mal noch seinen alten Lifestyle weiter.

Dann kam jedoch das „Experiment", die große Challenge: Nathi sagte zu ihm: „Manchmal muss man etwas für Gott opfern." Und plötzlich war Fritze bereit, das auszuprobieren, und opferte sein Partymachen und seinen Alkoholkonsum.

Fritze entschied sich, den Fokus seines Lebens auf Jesus zu legen, und wollte sich nur noch eine kleine Hintertür offen halten. So verkündete er einmal stolz während einer Autofahrt mit zwei Gemeindeleitern und seiner großen Schwester:

„Ich werde Quartalssäufer. Ich weiß, ich sollte aufhören, so viel zu trinken. Dann mache ich das halt nur noch einmal im Quartal. Da gebe ich mir dann so richtig die Kante und dann ist wieder Pause."

Und das tat er dann wirklich, aber auch nur für ein Quartal, denn er merkte schnell, dass auch das einfach nicht mehr zu seinem neuen Leben passte.

Seit dieser Entscheidung berichten heute noch Menschen davon, dass sie an Fritzes Lebenswandel gesehen und erlebt haben, was es wirklich heißt, mit Jesus ein neues Leben zu beginnen und eine „neue Kreatur" zu werden.

Gott lädt auch dich ein, eine neue Kreatur zu werden. Er lädt dich nicht dazu ein, dein altes Leben irgendwie zu flicken oder zu reparieren, sondern er möchte dir ein komplett NEUES Leben schenken! Und dieses neue Leben besteht nicht darin, nur sonntags in die Kirche zu gehen, sich dabei gut zu fühlen und zu meinen, als Christ diesen Punkt sonntags eben abhaken zu müssen. Geh sonntags in die Kirche, das ist gut und richtig, doch du hast von Gott ein neues Leben bekommen, damit du *jeden Tag* Gemeinschaft mit Gott haben darfst. Er will dein Leben rund um die Uhr erneuern und dir nicht nur für diese ein, zwei Stunden ein bisschen Erfüllung schenken.

Wenn du Gott aus deinem Alltag ausschließt, wenn du ihm nicht erlaubst, genau DARIN zu wirken und zu sein, dann nimmst du ihn in 98 % deines Lebens nicht mit hinein. Es geht beim Christsein nicht um eine bloße Religionszugehörigkeit. Es geht nicht darum, bestimmte Regeln einzuhalten und einen bestimmten Lebensstil zu führen, um sich etwas zu „verdienen", sondern es geht um eine lebendige Beziehung zu Jesus. Und genau diese Beziehung wird dich durch und durch zu einem neuen Menschen machen!

Es gibt einen Spruch, den Fritze einmal irgendwo aufgeschnappt hatte und sich damals sehr zu Herzen nahm: „Wenn wir nichts opfern für das, was uns lieb ist, werden wir früher oder später das opfern, was wir lieben."

Und so opferte Fritze, nachdem er wirklich „eine neue Kreatur" geworden war, auch mich beziehungsweise den unermüdlichen Kampf um mein Herz. Er kam von dem ständigen Kampf weg, meine Aufmerksamkeit gewinnen zu wollen. Er verstand, dass er zuerst diesen Gott richtig kennenlernen wollte und dass sich alles Weitere ergeben würde. So wird es uns auch in der Bibel verheißen: „Sorgt euch vor allem um Gottes neue Welt, und lebt nach Gottes Willen! Dann wird er euch mit allem anderen versorgen" (Matthäus 6,33).

Fritze veränderte sich wirklich radikal, und ich bat seinen Freund Nathi, der diese Veränderung hautnah miterlebt hatte, ein paar Worte über diese Veränderung zu schreiben:

„Ich hatte schon von einigen, die ich zu diesem Zeitpunkt bereits besser kannte, gehört, dass Fritze gerade eine schwierige Zeit durchmachte, was seinen Alkoholkonsum, seine Gemeindezugehörigkeit und seine Gottesbeziehung anging. Er war offensichtlich in einigen Bereichen in der ,Findungsphase'. Als wir eines Abends eine Gebetsgemeinschaft hatten, kann ich mich noch sehr gut an das erste Gebet erinnern, das ich von Fritze gehört hatte. Er begann mit: ,Hallo, ihr drei da oben!'

Der weitere Gebetsverlauf war von vielen Fragen an Gott und Zweifeln geprägt. Es war deutlich zu spüren, dass Fritze sich nicht sicher war, was Beten überhaupt brachte – und ob es überhaupt etwas brachte. Das spiegelte sich auch in seiner Beziehung zu Gott in diesem Zeitraum wider.

Das war der geistliche Zustand, in dem ich Fritze kennenlernte. Doch das Schöne war, dass wir in dieser Krise schnell Freunde werden durften und viel wertvolle Zeit miteinander verbringen konnten. Fritze war sehr offen und wissbegierig bezüglich meines persönlichen Glaubens, wir redeten und beteten viel gemeinsam – meistens bei mir in der WG – und teilten einfach viel miteinander. Irgendwann gründeten Fritze und ich sogar einen Hauskreis mit fünf Männern.

Dieser Hauskreis war für mich und, ich denke, auch für Fritze immer sehr genial, ehrlich, offen und intensiv. Es folgten zahlreiche Abende zu zweit mit Reden und Beten bis weit in die Nacht. Einige

Male schlief Fritze auch bei mir in der WG auf der Couch, weil wir so die Zeit vergessen hatten. Diese Abende waren wirklich sehr intensiv und bereichernd.

Ich habe mir einige Dinge, die ich während meiner Zeit in Arpke erlebt habe, aufgeschrieben: besondere Ereignisse, Gebete, Bibelverse. In meinen Notizen habe ich auch etwas über Fritze gefunden: *22.02.2001 Nach dem Gottesdienst geht Fritze zu Frido (Pastor der Gemeinde) und gibt unter Tränen zu, dass er es verstanden hat und Jesus in seinem Herzen wohnt! Er brennt, und er betet sooo erfrischend! Gott, du bist mächtig, handle weiter hier in Arpke! Du bist König, ich dein Diener!*

In den nächsten Monaten besuchten wir viele Gemeindeveranstaltungen zusammen, und es war sehr schön zu sehen, wie aus einer anfänglich unsicheren, instabilen Beziehung eine feste Bindung zu Jesus, unserem Herrn, entstand. Fritze übernahm mehr und mehr Verantwortung in der Gemeinde und brachte sich ein, hatte ein Herz für Jüngere.

Es ist sehr beeindruckend, wie schnell und genial Gott Fritze damals ergriffen und ihn zu einem wunderbaren Werkzeug für ihn gemacht hat."

• • •

Fritze wurde in dieser Zeit auch der beste Freund von meinem Bruder, der ebenfalls sehr für Jesus brannte, und sie trafen sich bald wöchentlich bei uns zu Hause zum Bibellesen.

Ja, er war tatsächlich ein neuer Mensch. Und ich staune noch heute darüber! Das Erstaunliche war: Seit Fritze diese konsequente Entscheidung für Jesus getroffen hatte, sah ich ihn auf einmal mit anderen Augen. Ich verliebte mich in diesen Mann, weil Jesus durch ihn so verherrlicht wurde und noch heute wird!

In der Gemeinde war Fritze immer eher ein Mensch im Hintergrund gewesen. In der Jugendgruppe und auch im Gottesdienst war er fast immer eingeschlafen. Doch Jesus hatte ihn lebendig gemacht, setzte seinen Fokus ganz neu. Fritze war auf einmal ein Mensch, mit dem man wirklich gern zusammen war. Seine Worte waren mit Bedacht gewählt, er stieg in jede Diskussion ein, wenn es um schwierige Bibelstellen ging, und er hatte einfach so einen Hunger nach diesem Jesus. Einmal fuhr er sogar eine Woche weg, um gemeinsam mit zwei Freunden die komplette Bibel in nur einer Woche durchzulesen.

Ich fragte mich, wie krass das denn bitte war, dass Jesus die Sehnsucht in ihm hat so stark werden lassen, nach dem wahren Sinn im Leben zu suchen. Ich verliebte mich in das, was er geworden war. Jesus machte ihn neu und ich fand ihn auf einmal wunderschön. Ja, sogar diese roten Haare waren plötzlich das Schönste, was ich je gesehen hatte. Damals war mir nicht mal klar, dass das wirklich Jesus bewirkt hatte. Dass Jesus Menschen „schön" machen konnte.

Fritze war früher ganz anders gewesen als ich. Er hatte lange nicht so viel getan wie ich. Er war eher faul, unpünktlich und etwas chaotisch.

Doch dann hatte er erkannt, dass Jesus wirklich heute noch lebt und dass das etwas mit seinem Leben zu tun hat. UND er hat sich das etwas kosten lassen, denn er hatte erkannt: Wenn das alles wahr ist, was in der Bibel steht, dann wird alles andere zweitrangig.

Fritze ist ein Mann, der sich dafür entschied, nur noch Jesus in seinem Herzen regieren zu lassen. Es war damals wirklich nicht einfach für mich, da er mit seiner Entscheidung eine Zeit lang nur noch Jesus liebte und die Liebe zu mir scheinbar verschwunden war. Ich kam auch nur noch übers gemeinsame Bibellesen an ihn heran: „Wollen wir uns vielleicht mal zum Bibellesen treffen?", fragte ich ihn hin und wieder. Eine andere Chance, ihn zu treffen, hatte ich nicht.

In der Jugendgruppe war es damals üblich, sich zur Begrüßung zu umarmen, doch seit Fritzes Entscheidung umarmte er mich nicht mehr. Er wollte ehrliche Beziehungen nicht mehr über Körperkontakt aufbauen. Ich dachte mir nur: *Sein Ernst jetzt? Der kann sich aber auch nicht entscheiden...* Und doch wollte ich ihn an meiner Seite.

In Fritzes Leben waren die Veränderungen, die sein (Neu)Start im Glauben brachte, offensichtlich und so schnell, dass es keiner übersehen konnte. Bei mir selbst sah das jedoch etwas anders aus...

MEIN NEUES ICH – EIN LANGER PROZESS

Meine bewusste Entscheidung für Jesus war für mich wichtig gewesen, aber sie brachte nicht so etwas Radikales mit sich. Ich war schließlich schon Christ, warum sollte ich mich noch verändern?

Ich war immer nett, sonst wäre ich ja nicht so beliebt gewesen. O. k., hier und da habe ich mal gelästert, aber da gab es ja Schlimmeres. Geld habe ich mir auch ab und an mal von meinen Eltern genommen, aber ich hätte ja alles zurückzahlen können. Eingeschnappt war ich auch mal, aber da hatte ich bestimmt gerade meine Tage... Diese Liste könnte ich noch lange fortführen und zu jeder Sache eine mehr oder weniger gute Verteidigung vorlegen. Ich glaubte, im Vergleich zu Leuten wie „dem alten Fritze" gut abzuschneiden als Christin, und merkte lange nicht, dass auch ich dringend Veränderung brauchte. Ich war außerdem ziemlich gesetzlich damals und habe das Leben in Schwarz-Weiß beurteilt.

Ich war oft der Meinung, es sei doch klar, was richtig ist. In der Bibel würde doch stehen, wie wir leben sollten. Und wenn ich mitbekam, dass jemand nicht dementsprechend lebte, verurteilte ich ihn innerlich und suchte manchmal auch die direkte Konfrontation. Oftmals sah ich nur das Gesetz und nicht mehr den Menschen dahinter. Ich war in vielen Dingen hartherzig, egoistisch, und mein Lästern war absolut nicht mehr im Rahmen. Ich brauchte wahre Veränderung, obwohl ich dachte, dass ich sie nicht nötig hätte.

Ich wollte meinen Glauben voll ausleben – und das bedeutete für mich in erster Linie, alles zu machen, wo ich selbst etwas für Gott TUN konnte und wofür die Leute mich bewundern konnten und mir damit das Gefühl gaben, dass ich es „richtig" machte.

Das bedeutete: Ich tat, was mir Lob brachte – und alles, was keinen Gesichtsverlust für mich bedeutete, war o. k. (zum Beispiel zu lästern, solange es keiner mitbekam, es ging ja schließlich darum, gut dazustehen ...).

Ich tat alles für Jesus, aber ihn wirklich kennen ... das tat ich nicht. Und dann kam Fritze. Und zeigte mir, wie so ein Leben mit Jesus wirklich aussehen konnte. Obwohl er sich nach seiner radikalen Entscheidung zunächst nur noch für Gott und weniger für mich zu interessieren schien, zeigte sich bald, dass seine Gefühle für mich dennoch nicht erloschen waren. Aber er wollte alles nun ganz langsam angehen und hatte neue, sehr klare Vorstellungen davon, was ihm bei einer Beziehung wichtig war. Ich ließ mich darauf ein, und schließlich wurden wir doch noch ein Paar und ich war überglücklich.

Wir starteten also in diese Beziehung, und ich wusste zu diesem Zeitpunkt noch nicht, was für ein riesiger Schatz es ist, wenn der Partner auch an Jesus glaubt. Es war (und ist) einfach so bereichernd und so schön mit ihm! Ich genoss es so sehr, in seiner Gegenwart zu sein. Warum genau, wusste ich dabei gar nicht. Wie er war, war einfach anziehend.

• • •

Relativ kurz nach unserem Zusammenkommen stand Weihnachten vor der Tür. Da lernten wir noch einmal aus einer ganz anderen Position heraus die Eltern des jeweils anderen kennen. In Fritzes Familie wurde viel gespielt, in meiner Familie wurde Fritze eher liebevoll auseinandergenommen. Meine Mama ist gut darin, den neuen Partner auch ein wenig zu testen, ob er zum Beispiel auch die Spülmaschine einräumen kann. Gott sei Dank bestand Fritze den Test und wurde direkt als mein neuer Freund akzeptiert.

Fritze begann, nach und nach immer mehr Verantwortung zu übernehmen, und brachte sich viel in der Jugendarbeit ein. Er hatte aufgehört, nur auf sich selbst zu schauen, und war mit viel Herzblut dabei, Menschen von Jesus zu erzählen. Ich jedoch hatte nur ihn im Blick. Fritze stand nun an erster Stelle in meinem Leben. Ich wollte ihn immer besser kennenlernen, ich wollte nur ihn lieben und immer bei ihm sein. Wir telefonierten stundenlang und ich konnte nicht genug von ihm kriegen.

Ja, ich glaubte schon auch an Jesus und fand Bibellesen, Gebet, die Jugendgruppe usw. wichtig. Doch das alles wurde, wenn ich mit Fritze zusammen war, plötzlich egal. Tja, ich würde wirklich sagen, dass Fritze eine Zeit lang ein Stück weit Gott für mich ersetzte. Fritze liebte mich ja. Er würde mir alles geben, was ich brauchte. Er würde mich nicht enttäuschen. Ich habe es nicht so bewusst ausgesprochen oder gedacht, aber unbewusst schien ich die Einstellung zu haben: *Wozu brauche ich dann noch Gott?*

Doch Fritze machte mir immer wieder klar, dass Jesus für mich an erster Stelle stehen sollte. Er stoppte mich, wenn ich wieder einmal ins Lästern verfiel. Er räumte immer für mich Zeit ein und warf mir nie vor, wenn ich das nicht tat.

Ich hatte vorher immer gedacht, ich sei ein richtig guter Mensch, das müsse man mir erst mal nachmachen. Doch je mehr Zeit ich mit Fritze verbrachte, desto mehr erkannte ich, dass da noch so viel mehr mit Jesus ging. Ich begann zu verstehen, dass es in erster Linie wirklich um meine Beziehung zu Gott ging, und ich bekam einen neuen Herzenswunsch: dass man mehr von Jesu Liebe in meinem Leben sehen sollte, so wie ich Jesu Liebe in Fritzes Leben und wie er es wiederum in Nathis Leben gesehen hatte.

Das, was bei Fritze mehr oder weniger von jetzt auf gleich passierte, durfte in mir nach und nach wachsen. In der Beziehung zu ihm lernte ich dabei unglaublich viel. Er brachte mir Jesus nah.

• • •

Ist das nicht verrückt? Jesus möchte uns Menschen gebrauchen, damit wir einander helfen, eine neue Kreatur zu werden, damit wir einander helfen, diesen Jesus immer besser kennenzulernen! Ist es nicht verrückt, dass er dich und mich einlädt, einen Unterschied auf dieser Welt zu machen?

Jesus ist absolut nicht auf uns angewiesen, um Menschenherzen zu verändern. Aber er lädt dich und mich ein, ein Teil seines Plans mit uns Menschen zu werden. Und Fritze nahm in Gottes Plan mit mir einen großen Teil ein. Ich danke Jesus so sehr, dass er mir einen Partner an die Seite gestellt hat, der mich nie losgelassen und der mir Gottes Liebe so sehr vorgelebt hat. Durch die Liebe von Fritze habe ich Stück für Stück erleben und erfahren dürfen, was es heißt, geliebt zu werden – bedingungslos. Und heute stehe ich da und schäme mich dafür, dass Fritze die Ronja, die ich damals noch war, so lange aushalten musste ...

Das ständige Zusammensein mit Fritze und die vielen Telefonate mit ihm brachten mich näher zu Jesus. Ich würde sogar behaupten, sie brachten mich das erste Mal so RICHTIG zu Jesus. Ja, mit 12 Jahren hatte ich gedacht, diesen Moment bereits erlebt zu haben. Aber so oft erlebte ich seitdem Momente, in denen ich mir immer wieder neu dachte: „JETZT habe ich es wirklich verstanden, JETZT bin ich ganz nah dran an Jesus!" So oft scheint es das erste Mal zu sein, dabei hatte ich ja schon viele Erfahrungen mit Jesus gemacht. Doch das ist das Wunderbare an diesem Glauben: Es geht weiter, immer weiter, es geht tiefer, immer tiefer, denn wir werden diesen Gott nie ganz erfassen können.

Durch Fritze durfte ich jedenfalls immer öfter solche tiefen Begegnungen mit Jesus erleben, wie ich sie damals mit 12 Jahren erlebt hatte. Ich lernte, was es hieß, in echter Nachfolge zu leben: in den Momenten, wo ich Verantwortung übernahm und nicht einfach weglief, sondern mutige Entscheidungen traf. In den Situationen, wo ich mich einsam fühlte oder das erste Mal das Gefühl hatte, an diesem Punkt einfach nichts mehr machen zu können und völlig hilflos zu sein, aber dann erlebte, wie Gott auf meine Gebete reagierte.

Ich fing an, nicht mehr vor Konflikten wegzulaufen, sondern suchte das Gespräch. Ich gewöhnte mir an, zuerst Gott nach seiner Meinung zu fragen und dann erst andere Menschen. Ich machte mich mehr davon abhängig, was Gott über mich sagte, anstatt meinen Wert von den Worten anderer Menschen bestimmen zu lassen. Ich wurde mutiger und lernte, auch mal „Nein" zu sagen.

Ich lernte ganz neu, zu beten und die Bibel zu lesen. Und ich ließ mich von Fritze korrigieren und liebevoll auf die Punkte hinweisen, die in meinem Leben noch nicht gut waren und wo er glaubte, dass sie nicht Gottes Willen entsprachen. Fritze zeigte mir in so einer geduldigen Liebe, wie ich immer mehr die Frau werden konnte, die Gott schon in mir sah.

Er machte mir dabei jedoch NIE Druck. Das Schönste, was er in dieser Veränderungsphase, dieser „Ich-werde-neu-Phase" einmal zu mir sagte, war: „Ronja, du weißt, dass du wunderschön bist. Aber weißt du, was dich wirklich schön macht? Wenn du dich damit auseinandersetzt, was dir wirklich wahres Leben bringt. Wenn du wirklich verinnerlichst, dass es um so viel mehr geht als um Erfolg und Ansehen. Du bist wunderschön, wenn du diese Wahrheit durch dich hindurchstrahlen lässt."

Ich stand damals noch ganz am Anfang, obwohl ich dachte, ich wüsste, wie der Laden hier laufen würde.

TIEFER IN SEINEN PLAN – UND NÄHER ZU MIR SELBST

„Wollen Sie einmal Kinder haben?", fragte mich die Ärztin. Ich, 16 Jahre, saß gemeinsam mit meinem Freund im Arztzimmer. Dies war der erste Moment, in dem ich so wirklich mit Fritzes jahrelanger Krankheit konfrontiert wurde. Man sah es Fritze nicht an, dass er krank war. Und er sprach auch kaum darüber. Ich war mir damals auch noch nicht darüber bewusst, was die Krankheit für unsere Beziehung bedeuten könnte. Doch das änderte sich schlagartig an diesem Tag.

„Ja, klar!", antwortete ich auf die Frage, ohne groß darüber nachzudenken, warum die Ärztin mich das jetzt fragte. Das war doch noch gar nicht aktuell und lag noch so weit in der Ferne für mich. Der Hintergrund dieser Frage war die Entscheidung, ob eine Samenspende genommen werden sollte, denn die Krankheit entwickelte sich bei Fritze langsam zu einer Leukämie. Und mit dieser Samenspende könnte er später trotzdem noch ein leibliches Kind zeugen. Es war eine sehr überfordernde Frage – zumindest für mich.

Ich war zu diesem Zeitpunkt nicht einmal ein Jahr mit Fritze zusammen, und nun saßen wir da und mussten eine Entscheidung treffen, die eine lebenslange Auswirkung haben würde. Wie sollten wir uns entscheiden? Könnte ich damit leben, nie eigene Kinder von Fritze haben zu können?

Wir mussten eine Entscheidung treffen, obwohl ich mir noch nicht einmal hundertprozentig sicher war, ob ich diesen Mann überhaupt heiraten wollte. Ich war doch noch so jung! Wer kann das in diesem Alter schon mit absoluter Sicherheit wissen?

Noch heute frage ich mich, warum Fritze mich zu diesem Termin überhaupt mitgenommen hatte. Er muss sich wohl wirklich schon ziemlich sicher gewesen sein, dass ich einmal seine Frau werden würde.

In wenigen Minuten rasten mir unzählige Fragen durch den Kopf: *Ist es richtig, jetzt Samen einzufrieren, damit wir irgendwann später eine gewisse Chance hätten? Oder würde ich damit nicht Gott verleugnen, der Wunder tun kann? Sollten wir darüber nicht erst mal nachdenken, vielleicht auch beten? Und warum soll ICH das überhaupt entscheiden? Ich bin doch nur seine Freundin.* Ich hätte lieber meine Augen verschlossen, es ignorieren und keine Verantwortung übernehmen wollen, doch das konnte ich nicht. Und irgendwie rang ich mich dazu durch, Ja zu sagen.

Es gab keinen besonderen Grund dafür. Ich beruhigte mich einfach damit, dass die Entscheidung ja ohnehin erst mal nur prophylaktisch war. Und doch dachte ich auf dem Rückweg noch länger über dieses Thema nach und beschäftigte mich mit dem Gedanken, was es überhaupt hieß, eine Familie zu gründen. Auch wenn wir Nein gesagt hätten, wäre ich mit Fritze zusammengeblieben. Das war mir klar. Doch es hatte etwas mit mir gemacht, bei diesem Termin dabei gewesen zu sein und diese Entscheidung mitgetroffen zu haben. *Gott hast du einen Plan?*, betete ich still. Und dann wurde ich ganz ruhig. Plötzlich hatte ich das Gefühl, dass Jesus mich genau in dieser Situation einlud, ihm zu vertrauen. Ich hatte das Gefühl, er lud mich ein in ein Abenteuer. Er führte mich weiter in meine Berufung hinein.

Gut, dass wir Ja gesagt hatten, so war der Gedanke doch ganz beruhigend, noch auf einem anderen und zumindest halbwegs natürlichen Weg eigene Kinder bekommen zu können. Und selbst wenn ich nicht seine Ehefrau werden würde, dann würde sich die Frau danach bestimmt drüber freuen, dachte ich mir.

• • •

Kurz darauf verließ ich Deutschland. Ich hatte mich nach meinem Realschulabschluss für ein Auslandsjahr in den Staaten entschieden, da ich noch nicht so recht wusste, was ich machen wollte, und dies als eine tolle Chance sah, endlich mein schlechtes Englisch zu verbessern.

Und auch wenn man sich fragen könnte, wie man jung und verliebt so eine lange Trennung eingehen könnte, spürte ich damals irgendwie ganz deutlich, dass es für mich dran war, und hatte zunächst weniger Probleme mit dem Gedanken an diese räumliche

Trennung als gedacht. Das kam dann erst, nachdem ich in Amerika angekommen war...

Dieses Auslandsjahr war besonders für meinen Weg mit Gott.

Ich hatte viel mehr Zeiten, in denen ich bewusst betete, vor allem dann, wenn mir klar wurde, dass ich nichts in der Hand hatte – zum Beispiel, wie es meinem Freund ging, der Tausende Kilometer entfernt war und gegen die Leukämie kämpfte.

Meine Schwester hatte kurze Zeit später einen schweren Autounfall, bei dem sie wortwörtlich nur mit ein paar Schrammen davongekommen ist. In meiner Gastfamilie hatte ich immer wieder Konflikte, und Heimweh und andere Herausforderungen trieben mich immer wieder buchstäblich auf die Knie vor Jesus. Vor allem auch die sprachliche Barriere trieb mich immer wieder ins Gebet, weil ich mich so oft unverstanden von den anderen Menschen fühlte und deshalb umso mehr die Gegenwart dessen suchte, der mich verstand wie kein anderer.

Ich lernte diesen Jesus noch einmal viel intensiver kennen, denn in Amerika war alles anders. Mein Englisch war am Anfang wirklich schlecht, und ich stand immer wieder vor Herausforderungen und hatte das Gefühl, sie allein meistern zu müssen. Doch genau darin begegnete Gott mir ganz neu. Ich hörte Lobpreislieder, das tat ich zwar schon immer, aber dieses Mal gingen mir die Zeilen direkt in mein Herz. Sie brachten mich zum Weinen.

Durch Konflikte und die Trennung von allen Menschen, die ich liebte und wirklich kannte, meine Einsamkeit und das Gefühl des Anders-Seins sehnte ich mich mehr und mehr nach etwas, das mir Halt gab – nach *jemandem*, der mir Halt gab –, und das war Jesus.

Als Kind wurde mir immer gesagt, Jesus allein genüge, und genau das wollte ich in diesem Jahr für mich herausfinden. Doch je näher ich an sein Herz kam, desto mehr zeigte er mir liebevoll, dass ich auch Veränderung brauchte. Dass mein altes Ich nicht so gut war, wie ich es eigentlich immer dachte. Ich erkannte plötzlich meine „blinden Flecken":

Ich behandelte meine Mitmenschen oft von oben herab, vor allem meine Schwester. Ich könnte noch heute darüber weinen, weil es mir so leidtut. Sie hat so viel durchmachen müssen mit mir: meine Blicke, meine verletzenden Worte, Lügen, die ich in ihr Herz gepflanzt hatte. Aber ich wusste damals noch nicht, dass ich das ändern musste. Ich dachte, ich dürfe das als ihre große Schwester. Als mich die Nachricht von ihrem Unfall erreichte, gingen mir die Augen auf: „Ronja, wir können Gott dankbar sein! Lea hat den Autounfall überlebt und nur einige Kratzer davongetragen. Wäre alles um einige Zentimeter verschoben gewesen, wäre sie nicht mehr unter uns."

In diesem Moment legte sich endgültig ein Schalter bei mir um. Zum einen wollte ich mich endlich mal bei meiner Schwester für mein Verhalten entschuldigen, aber viel mehr hatte ich in diesem Moment den Wunsch, generell Frieden in meinem Leben zu haben. Frieden mit mir selbst und mit den Menschen um mich herum. Ich verstand, dass ich nicht besser war als die anderen, nicht besser als meine Schwester.

Ich realisierte immer mehr, dass sich Dinge in meinem Herzen bereits verändert hatten, aber auch noch verändert werden mussten, und ich wollte bewusste Schritte gehen, weil ich mehr von dieser Veränderung sehen wollte.

Nach dieser Selbsterkenntnis fing ich bitterlich an zu weinen, ging auf die Knie und betete das erste Mal so richtig um Vergebung. Und die bekam ich. Was für ein gnädiger Gott! Doch ich wusste, dass Jesus sich von mir wünschte, all die Dinge, die ich vermasselt hatte, auch wieder geradezubiegen.

Ich ging zu meiner Schwester und bat um Vergebung.

Ich ging zu meinen Eltern und bat um Vergebung.

Erst sprach ich es digital an, und als ich aus Amerika zurück war, auch noch einmal persönlich.

Ich schrieb mir eine Liste mit sämtlichen Namen von Menschen, über die ich gelästert oder schlecht gedacht hatte. Bei allen entschuldigte ich mich persönlich. Sie hätten es vielleicht nie erfahren, aber ich wusste, dass ich von nun an ein reines Herz haben wollte, und ging diesen Schritt deshalb bewusst. Es war schwer. Es tat weh. Und ich habe Menschen dabei verletzt. Aber dies war der Anfang, eine neue Ronja zu werden.

• • •

Jesus flickt nicht einfach nur dein altes Leben irgendwie zusammen, sondern er lädt dich dazu ein, dich komplett erneuern zu lassen. Du darfst NEU werden.

Ich brauchte Veränderung in meinem Leben, und das hatte ich realisiert durch andere Menschen, durch besondere Situationen und durch Gottes Wort selbst. Wie schnell diese Veränderung eintritt, ist Gottes Sache. Er gibt das Tempo vor. Die radikale, schnelle Veränderung von Fritze war okay, aber auch meine Veränderung, die über viele Jahre gegangen ist, ist okay.

Fritze und ich sind uns sehr bewusst, dass wir beide noch lange nicht am Ziel sind, aber wir wissen: Gott hat Zeit und Gott überfordert uns nicht. Deshalb möchte ich auch dir zusprechen: Dein Tempo ist okay. Du kannst es ohnehin nicht selbst erzwingen, wie schnell du dich veränderst. Aber du kannst bewusste Schritte gehen, DASS du dich veränderst:

Such dir Menschen, die dich begleiten. Hätte ich meinen Mann damals nicht gehabt, hätte ich meine Freundinnen, meine Jugendgruppe, meinen Pastor oder auch meine Familie nicht gehabt, dann hätte ich wahrscheinlich nie verstanden, dass ich Veränderung brauche.

Also such dir Menschen, die dir helfen, schlechte Gewohnheiten abzulegen. Such dir Menschen, die das Potenzial in dir sehen und es aus dir herausholen. Such dir Menschen, die mit dir gemeinsam vors Kreuz gehen und all das, was dich belastet, ablegen. Mach das nicht nur allein, denn es liegt so ein unglaublicher Segen darauf, wenn wir das gemeinsam angehen. Du musst das nicht allein tun. Aber du allein musst dir die Frage stellen: Bin ich bereit, mir zeigen zu lassen, wo ich Veränderung brauche? Und bin ich bereit, Gott zu vertrauen, dass er diese Veränderung dann auch in mir bewirkt und mit mir zusammen diese Schritte im Gehorsam geht?

Ich kann nur sagen: Es lohnt sich, sich auf diesen „göttlichen Veränderungsprozess" einzulassen. Er bereitet dich für deine konkrete Berufung vor – und vor allem wirst du erleben: Dein neues Ich macht dich frei.

KAPITEL 4:

GOTTES RUF INS UNGEWISSE –
VERTRAUST DU IHM?

Meine geliebte Tochter,

ich wünsche dir sehr, dass du im Urlaub zur Ruhe kommst. Ich wünsche dir, dass du voll da sein kannst und die Zeit in vollen Zügen genießen kannst. Ich schreibe dir diesen Brief, da ich keine andere Möglichkeit sehe, einige Worte an dich richten zu können. Ständig bist du unterwegs und abwesend. Du rennst von einem Termin zum anderen, und wir als Familie um dich herum müssen immer bereit sein und dann helfen, wenn es für dich gerade notwendig ist. Wir tanzen nach deiner Pfeife, da dies die einzigen Momente sind, in denen wir noch etwas von dir haben. Wenn wir mit dir am Abendbrottisch sitzen, denkst du immer schon zwei Termine weiter und springst währenddessen auf, um schnell noch einen Anruf zu erledigen, und hinterlässt uns hinterher den ganzen Haushalt.

Ich wünsche dir, dass du die freie Zeit nutzen kannst, um drüber nachzudenken, was du möchtest. Ich wünsche mir, dass du ruhiger wirst und einfach mal da bist. Ich wünsche mir, dass wir einfach mal zusammensitzen und ein ehrliches „Wie-geht-es-dir?"-Gespräch haben.

Ich liebe dich und wünsche dir das Beste.

Dein Papa

Nachdem ich ein Jahr zurück in Deutschland war, erhielt ich diesen Brief von meinem Vater. Das Original habe ich leider nicht mehr, aber ich erinnere mich auch neun Jahre später noch genau daran, was in diesem Brief stand und was er in mir auslöste.

Ich war gerade hektisch am Packen und suchte meine letzten Dinge für den Urlaub zusammen. Dabei war ich auf Hilfe angewiesen, da ich gerade eine Fuß-OP hinter mir hatte und im Rollstuhl saß. Doch selbst diese Einschränkung brachte mich nicht zur Ruhe. Ich war durch und durch ein Power-Girl. Ständig am Übertreiben. Nicht ansprechbar.

Ich schickte meine Eltern noch nach oben auf den Dachboden, um meinen Schlafsack zu holen. Meine Schwester meckerte ich an, warum sie sich nicht nützlich machte – und das, obwohl ich in Amerika doch eigentlich schon mal erkannt hatte, dass ich in Zukunft netter zu ihr sein möchte.

Mit Ach und Krach verließ ich dann das Haus, und mein Vater rief: „Ronja, warte kurz. Dieser Brief ist für dich. Vielleicht nimmst du dir bewusst Zeit, ihn zu lesen. Ich wünsche dir einen schönen Urlaub."

Wir fuhren an die Ostsee. Wir, das waren Freunde aus der Gemeinde, die Geschwister meines heutigen Ehemannes, Fritze, meine heute engste Freundin und ich. Das würde eine Hammer-Zeit werden: einfach in Gemeinschaft sein, ein bisschen etwas angucken in der Gegend, viel Zeit mit meinem Freund verbringen und das Beste: Ich würde nicht einmal einen Meter gehen müssen, weil ich ja noch im Rollstuhl saß. Das bedeutete auch, ich würde von allen unliebsamen Aufgaben befreit sein und mit der kleinen Tochter von unseren Freunden Bücher lesen können, während die anderen den Abwasch machen würden.

Kaum saß ich im Auto, öffnete ich den Brief sofort. Ich war ein so getriebener Mensch. Dinge mussten einfach schnellstmöglich erledigt sein.

Ich las diesen Brief. Einmal, noch einmal. Die Worte waren klar. Die Verletzung des Mannes, den ich doch so sehr liebte, sprach deutlich aus seinen Worten – und zu meinem Herz. Aber schnell packte ich den Brief wieder beiseite, denn hier konnte ich das doch nicht an mich heranlassen. Bei all den Menschen, die fröhlich im Auto saßen und sich so auf den Urlaub freuten. Doch tief im Inneren wusste ich, dass ich immer noch aus eigener Kraft versuchte, alles zu stemmen, allen zu gefallen, es allen recht zu machen, und dass ich dabei die Menschen, die ich am meisten liebte, aus den Augen verlor.

ENDLICH RAUS AUS DEM HAMSTERRAD?

Schon als Mädchen hatte ich mir oft die Frage gestellt, was ich TUN soll. Einfach nur zu sein, das war schon immer zu schwer für mich.

Ich war einfach immer busy. Morgens hatte ich keine Zeit zum Frühstücken, da ich mein perfektes Outfit finden musste, meine Schultasche perfekt vorbereitet haben wollte, und sowieso ging ich nie ungeschminkt aus dem Haus. In der Schule war ich gut. Ich war keine Überfliegerin, aber ich war ehrgeizig und hatte dadurch sehr gute Noten. Nach der Schule traf ich mich oft noch mit meinen Freundinnen in der Cafeteria zum Lernen, um noch schneller, vorbereiteter und besser zu sein. Wenn es dann nach Hause ging, war ich schon gedanklich beim nächsten Termin. Zu Hause angekommen hieß es dann Tasche in den Flur schmeißen und das Essen in der Mikrowelle erwärmen. Während ich das tolle Essen von meiner Mama aß, organisierte ich nebenbei übers Handy all die Dinge, die meine Freizeit bestimmten, und würdigte es nicht. Ich war sehr aktiv in der Gemeinde. Ich liebte es total, weil ich dadurch das Gefühl hatte, gebraucht zu werden. Also stieg ich in viele Projekte mit ein. Ich bekam einfach nicht genug und wollte immer mehr.

Nach meinen Gemeindeaktivitäten legte ich meinem Vater dann meistens noch so etwas wie meine Facharbeiten vor, damit er das mal „eben schnell" für mich korrigieren könnte. Arbeiten, für die man eigentlich mindestens eine Woche Zeit brauchte. Für das gemeinsame Familienabendessen hatte ich selten Zeit. Das Volleyballtraining stand eben noch an, und mein Freund wollte auch noch Zeit mit mir verbringen ... Ich war wirklich gefangen in einem Hamsterrad. Es reichte einfach nie aus. Ich definierte mich über all die Aufgaben, die ich tat, meine guten Noten, die ich erhielt, meinen sportlichen Körper und meinen großen Freundeskreis.

Puh, wenn ich diese Zeilen so herunterschreibe, habe ich wieder dieses unangenehme Stressgefühl in mir. Das war wirklich kein gesundes Leben! Doch mein Papa liebt mich. Er liebt mich, weil ich seine Tochter bin. Er liebt mich einfach so. Er liebte mich nicht, weil ich besonders viele Dinge tat und damals mein Abi machte. Er sagte mir immer wieder, dass ich tolle Gaben und Talente habe, die ausgelebt werden wollen, aber er sich trotzdem gewünscht hätte, dass ich einfach mal nur da gewesen wäre.

Als Schülerin hätte ich damals gern früher verstanden, dass ich nicht all das hätte tun müssen, um angesehen zu sein, die bessere Christin abzugeben oder „heiliger" zu scheinen. Auch heute als Mutter fühle ich mich oft nicht gut genug. Meine Aufgaben als Mama sind oft nervenaufreibend, kräftezehrend, und mein Alltag ist manchmal von Müdigkeit und Erschöpfung geprägt. Da schaffe ich es einfach nicht, noch früher aufzustehen, um in der Bibel zu lesen. Ich schaffe es auch nicht, die Jungs jedes Mal pünktlich um 19 Uhr im Bett zu haben, damit ich noch zum Hauskreis gehen kann. Ich schaffe es einfach nicht.

Mein Jahr in Amerika war sehr prägend für mich gewesen, doch für mich war und ist es immer wieder ein Kampf, bereits Erkanntes dann auch umzusetzen und nicht wieder in alte Verhaltensweisen zurückzufallen. Als ich damals zurück aus Amerika gekommen war, merkte ich schnell, dass ich viel erlebt hatte, und für mich hatte sich gefühlt die ganze Welt verändert, sodass ich nun den Wunsch hatte, anders zu sein.

Ich besuchte damals die Oberstufe und wollte mein Abitur machen. Doch nur einige Wochen später passierte genau das, was ich nie gedacht hätte: Ich fiel wieder in die alten Muster, übernahm 10 000 Aufgaben, war gestresst, wollte immer die besten Noten haben, dabei noch gut aussehen ... Ja, ich entschied mich wieder, in das Hamsterrad des Leistungsdrucks einzutreten. Und der Brief meines Vaters bestätigte dies wenige Monate später. Ich definierte mich nun schon über Jahre hinweg darüber, was ich TAT. Doch was wäre, wenn auf einmal all das wegfallen würde, worüber ich mich die ganzen Jahre definiert hatte?

EIN SCHRITT AUFS WASSER UND EIN WAHRES WUNDER

Dienstags war immer unser „Dateabend". Fritze und ich wohnten nur ein paar Kilometer voneinander entfernt, und trotzdem sahen wir uns meistens nur ein bis zwei Mal die Woche. Doch Dienstagabend, nach meinem Volleyballtraining, war unser Abend. An einem dieser Abende hatten wir ein sehr ernstes Gespräch. Das hatten wir selten, denn wir liebten es einfach entspannt zu sein. Wir machten uns keine großen Gedanken darüber, was einmal sein würde. Doch zu diesem Zeitpunkt standen wir kurz vor unserer Verlobung. Fritze hatte schon im Kopf, dass er mir einen Antrag machen wollte. Doch eine Frage wollte er vorher noch geklärt haben.

Hinter uns lag eine herausfordernde Zeit: 2010 waren wir zusammengekommen. Im Sommer 2011 flog ich für mein Highschool-Jahr in die Vereinigten Staaten, und parallel dazu durchstand Fritze seine Stammzellentransplantation, die ihm schließlich Heilung brachte. Eine besondere Fernbeziehung war das: ich in Amerika, er in einem deutschen Krankenhaus. Und anstatt ihn im Krankenhaus besuchen zu können, seine Hand zu halten und ihm zu zeigen, dass ich ihn liebte, konnte ich nur auf Fotos sehen, wie die Therapie ihn sichtlich veränderte – und er sich, gemeinsam mit seinen Freunden, schließlich die Haare abrasierte.

Und nun zurück in Deutschland stand Fritze gesund in meinem Zimmer, und er stellte mir diese Frage, die ihn nach wie vor beschäftigte. Und er wusste, dass sie auch mich beschäftigte. „Ronja, würdest du wirklich Ja sagen, auch wenn wir keine Kinder bekommen werden/können?" Er fragte mich das, da zu diesem Zeitpunkt nur der natürliche Weg für ihn infrage gekommen wäre. Außerdem hätten wir auch mit der Samenspende keine Garantie dafür gehabt, dass alles funktionieren würde. Und ja, die Frage war eben auch, ob wir diesen Weg überhaupt mit unserem Glauben würden vereinbaren können. Fritze hätte es damals jedenfalls nicht gekonnt.

Die Frage nach einer möglicherweise kinderlosen Zukunft mit ihm kannte ich ja schon. Doch dieses Mal war es irgendwie anders. Dieses Mal ging es nicht nur um Fritzes Zustand, sondern hier ging es um unser gemeinsames zukünftiges Leben. Fritze sagte immer zu mir, dass ich jeden Mann haben könnte. Also wirklich, er war so verknallt in mich, dass er dachte, alle anderen Männer müssten das auch sein. Doch ich glaube, kein anderer Mann hätte mich so lange aushalten können wie er … Ich Glückliche!

Und nun forderte er ernsthaft eine Entscheidung von mir. Fritze war für beide Wege bereit: den Weg mit mir gemeinsam zu gehen, sehr wahrscheinlich ohne Kinder, oder den Weg ohne mich zu gehen, mich loszulassen, damit ich einen anderen Mann kennenlernen könnte, mit dem eine Familiengründung eher möglich wäre.

Fritze gab mir ein paar Stunden Zeit und verließ den Raum. *Jetzt so plötzlich? Jetzt auf einmal so ernsthaft?*, dachte ich mir. Er wollte eine Entscheidung haben. An diesem Abend. Und wir würden uns auch an diesem Abend womöglich noch trennen. Denn Fritze sagte mir, dass er es, wenn überhaupt, jetzt beenden würde, damit ich nicht noch mehr Raum in seinem Herzen einnehmen könnte.

Ich war mittlerweile 18 Jahre alt, doch eines hatte ich schon verstanden: Gott ruft mich, sein Kind zu sein. Mein Gott, dem ich folge, ist ein guter Gott. Mein Gott kennt meine Herzenswünsche. Mein Gott weiß, was ich tragen kann, und mein Gott ist größer als mein Kinderwunsch.

Weil ich wusste, dass ich ein Kind Gottes bin und es in meinem Leben keine Zufälle geben kann, war meine Entscheidung auf einmal so klar, wie ich es noch nie zuvor in meinem Leben erlebt hatte: *Diesen Mann will ich heiraten!*

„Ronja, mit diesem Mann wirst du vielleicht nie eine eigene Familie gründen können. Überlege dir das gut, ob du das tragen kannst, überlege dir gut, ob du wirklich eine Frau ohne eigene Kinder sein möchtest, du hast noch die Wahl", hatte ich vorher immer wieder gehört. Doch genau das hatte ich mir gut überlegt und meine Entscheidung stand nun fest: Diesen Mann will ich heiraten und mein Leben mit ihm teilen.

Ich entschied mich an diesem Abend also für einen Mann, mit dem ich vielleicht nie eine Familie würde gründen können. Ich entschied mich für einen Mann, der aufgrund seiner jahrelangen Erkrankung und der damit einhergegangenen Strapazen möglicherweise keine allzu große Lebenserwartung hatte. Doch um wie viel mehr entschied ich mich für einen Mann, der mich liebte und ich ihn. Mir war in diesem Moment so bewusst, dass wir beide an einen Gott glaubten, dem nichts unmöglich ist. Ich entschied mich für diesen Mann, da es mir in dem Moment und auch heute noch das Allerwichtigste ist, mit meinem Partner die gleiche Leidenschaft teilen zu können: Jesus!

Also antwortete ich ihm: „Ja, ich will."

Für mich stellte sich damals die Frage: Wage ich es, Gott zu vertrauen und Schritte ins unbekannte Land zu tun?

Ich entschied mich dafür. Und machte den Schritt.

Nach dieser Entscheidung trat ich wieder ins Hamsterrad. Ich wollte weiterhin gut sein in der Schule, denn ich hatte vor, Medizin zu studieren. Ein Studium, das lange dauern würde, erschien mir perfekt. Da wir die Perspektive der Kinderlosigkeit hatten, fand ich, dass dies ein guter Plan war. So würden wir viele Jahre lang vielleicht überhaupt keinen Gedanken mehr an Familienplanung verlieren, da wir ohnehin viel zu beschäftigt dafür sein würden.

Fritze und ich liebten und lebten unsere Jugend. Wir waren viel mit Freunden unterwegs. Ich machte mein Abitur, er seinen Meister und Techniker im Kfz-Bereich.

2015 heirateten wir schließlich. Was war das für eine Traumhochzeit! Ich erinnere mich so, so gern an diesen Tag zurück!

Nach der Hochzeit hatte ich noch meine Abiturfeier und dann zogen wir gemeinsam nach Oldenburg. In eine Stadt, wo wir niemanden kannten. Ich fing ein duales Studium an – ein Pflegestudium mit kombinierter Krankenschwesterausbildung. Aus der Sache mit dem super Abischnitt, den ich für ein Medizinstudium hätte haben müssen, wurde dann leider doch nichts, da die Hochzeitsvorbereitungen irgendwie eine höhere Priorität als das Lernen hatten. Deshalb ein kleiner Tipp an dieser Stelle: Macht lieber eins nach dem anderen und dafür beides dann richtig gut!

• • •

Wir fanden eine Gemeinde in unserer neuen Heimat, mein Mann arbeitete in einer sozialen Autowerkstatt mit und wir liebten unser gemeinsames Eheleben. Wir waren gut in dem, was wir taten. So konnte es bleiben.

Doch nachdem wir im Juni geheiratet hatten, passierte im November etwas, das unser gesamtes Leben komplett auf den Kopf stellen sollte. Ich erinnere mich noch sehr genau an diesen Tag: Es war gerade Praxisphase, und ich arbeitete in einem katholischen Krankenhaus, circa 15 Minuten von unserer Wohnung mit dem Fahrrad entfernt. Ich liebte die Medizin, und für mich war es nie ein Problem gewesen, auch die unschönen Dinge zu sehen, die bei anderen Ekel auslösen würden. Irgendwie reizten sie mich sogar beinahe, doch an diesem Morgen war alles anders. Ich begleitete meine Praxisanleiterin in ein Patientenzimmer, wo sie einen gewissen Beutel wechseln musste – was das für ein Beutel war, muss ich hier ja nicht näher erläutern … Wir waren jedenfalls in diesem Zimmer, und auf einmal merkte ich, dass ich etwas wackelig auf den Beinen war.

Dann zeigte uns der Patient seine Wunde, und ich rannte raus, ohne etwas zu sagen. Das war mir noch nie passiert, normalerweise konnte ich mich immer zusammenreißen. Doch auf einmal ging es nicht mehr. Ich rannte aufs Klo. Ich guckte in den Spiegel, einatmen, ausatmen, einatmen, ausatmen – und hielt mich am Waschbecken fest. Was war denn los mit mir? Ich ging ins Schwesternzimmer, entschuldigte mich bei meiner Praxisanleiterin dafür, dass ich einfach rausgerannt war, und erklärte ihr, dass es mir nicht so gut ginge. Sie reichte mir eine Wasserflasche, ich nahm ein Schluck und rannte wieder aufs Klo und übergab mich. Vom Wassertrinken?!?!

Für den Rest des Tages bekam ich frei. Als ich gerade nach Hause zurückradelte, kam mir plötzlich der Gedanke: *Bin ich schwanger? Nein, das kann ja nicht sein. Also, das kann WIRKLICH nicht sein! Oder etwa doch?* Ich stoppte und rief Fritze an: „Fritze, ich glaube, ich bin schwanger!" „Was? Wieso?", unterbrach er mich. Ich erzählte ihm von meinem Vormittag. „Soll ich einen Test holen? Ich weiß, das ist völlig unmöglich und absurd. Aber was ist denn sonst los mit mir?" Wir entschieden uns dafür.

Also hielt ich bei *Combi* an, einem kleinen Lebensmittelladen, der aber auch mit vielen anderen nützlichen Sachen ausgestattet war. Den Laden hatte ich richtig lieben gelernt, denn wir kannten ihn aus unserer Heimat gar nicht. Ich ging rein. Und ging wieder raus. Dann wieder rein.

Kennt ihr dieses Gefühl, wenn man nach so einem Schwangerschaftstest greift und dann das Gefühl hat, die ganze Welt guckt nur DICH an und schüttelt den Kopf? Ich schüttelte ja selbst den Kopf. Ich war 21 Jahre alt und es war einfach NICHT möglich.

Ich kaufte noch ganz viel anderes unnötiges Zeug ein, damit der Test nicht so auffiel an der Kasse. Mit meiner Körperhaltung versuchte ich auszudrücken: „Ach, der Test ist für eine Freundin, eine ÄLTERE Freundin, für jemand, der weiß, was er macht …"

Ich hätte diese Worte am liebsten laut ausgesprochen. Der Test wurde schließlich nach den Bananen mit Schokoladensoße und den Marshmallows gescannt. Allein anhand dieses Einkaufes hätte man schon ahnen können, dass ich schwanger war. Den Test steckte ich dann schnell und als Erstes in meine Tasche. Mein Herz klopfte so stark, dass es mir fast aus der Brust sprang. Ich war einfach so aufgeregt.

Dann ging ich langsam raus. Ich wäre am liebsten gerannt, aber die ganze Welt schaute schließlich auf mich.

Mein Radweg nach Hause dauerte nur noch fünf Minuten. Dort angekommen, schlug ich die Tür zu.

Mache ich das jetzt wirklich? Nein, ich las mir nicht die Packungsbeilage durch und machte den Test auch nicht zu einer bestimmten Zeit. Jetzt, jetzt wollte ich eine Antwort und Klarheit haben.

POSITIV.

Und zwar so was von eindeutig, dass ich keine drei Minuten mehr auf das Ergebnis warten musste. Ich lächelte ein bisschen, dann rief ich Fritze an. „Fritze, ich bin schwanger!" – „Was? Wirklich? Schatz, ich komme nach Hause!", mehr konnte er nicht sagen.

In seiner Mittagspause saßen wir beide auf unserem Sofa.

Wir würden ein Kind bekommen.

Und jetzt? Rufen wir jemanden an? Wie macht man das denn jetzt? War da nicht irgendetwas mit drei Monate geheim halten? Wir hatten absolut keinen Plan.

Doch dann riefen wir einfach unsere besten Freunde an, unsere Eltern und Geschwister. Verschickten WhatsApp-Nachrichten an andere Freunde.

Fritze saß vor mir. Weinend. Spätestens in diesem Moment checkte ich: Das hier war ein absolutes Wunder. Ich trug ein Wunder in mir!

Doch dann betrübte mich ein Anruf. Der Rückruf meiner Mama: „Ronja, wirklich?" Oh Mann, alle freuten sich übertrieben mit uns, weil das wirklich ein Wunder war, nur meine Mama sprach das aus, was ich eigentlich tief in mir selbst empfand. Oder vielmehr sprach die Stille nach den kurzen Worten für sich. „Okay, Ronja, das ist ja eine Nachricht. Puh ..."

Ihre Worte waren eher mit zurückhaltender Freude erfüllt. Und in diesem Moment ließ ich das zu, was ich wirklich dachte: *Wie soll ich das schaffen? Ich? Ich und Mama? Was denken die anderen?*

Ich verlor die Kontrolle. Alles lief bis jetzt perfekt in meinem Leben, und auf einmal kam durch dieses Wunder ein riesengroßer Cut in mein Leben. Es schien so, dass ich nun tatsächlich aus meinem Hamsterrad würde aussteigen müssen. Aber das konnte ich nicht. Das wollte ich auch nicht.

Nach der ersten Freude kam die Ernsthaftigkeit in meine Gedanken. Fritze musste wieder los zur Arbeit und da stand ich nun allein mit einem Baby im Bauch. Und fühlte mich so allein. Ich saß in unserer neuen Wohnung. Sie war wunderschön und ein Geschenk Gottes. Wir hatten damals den Vertrag unterschrieben, ohne zu wissen, wo Fritzes Arbeit einmal sein würde. Und dann lag sie einfach nur fünf Minuten mit dem Fahrrad entfernt. Wir hatten es uns so richtig schön gemacht für die nächsten Jahre, doch jetzt hinterfragte ich alles. In mir stieg eine leichte Panik auf. *Was mache ich denn jetzt? Was muss ich jetzt machen?*

Okay, sortiere dich, Ronja. Das muss doch alles irgendwie funktionieren.

Ich merkte, wie schwer ich mich drauf einlassen konnte. Na ja, gut, ich wusste es ja auch gerade mal seit einigen Minuten. Doch ich musste bald meiner Krankenpflegeschule, meinem Arbeitgeber vom Krankenhaus und der Uni Bescheid geben. *Was werden die Menschen über mich denken?* Das war die größte Frage, die mich beschäftigte. Und ich realisierte, wie unfrei ich in diesem Punkt immer noch war, obwohl Jesus schon so viel an meinem Herzen gearbeitet hatte. Obwohl ich doch eigentlich wusste, dass es so viel wichtiger war, was Jesus von mir dachte.

Ich machte zeitnah einen Termin beim Frauenarzt. Dort erhielt ich die Bestätigung meiner Schwangerschaft. Dann rief ich in der Krankenpflegeschule an. Alles kein Problem, sagte man mir, ich könne einfach so lange weitermachen, wie es ginge.

Mein Arbeitgeber vom Krankenhaus schickte mich zum Betriebsarzt, dieser schrieb sofort ein Beschäftigungsverbot aus. Was mein Studium anging, interessierte es die Entscheidungsträger eher weniger. Ich solle einfach weitermachen.

• • •

Ich wusste schon in dem Moment, als ich von meiner Schwangerschaft erfuhr, dass ich als Mama zu Hause sein wollte. So wurde ich geprägt, und ich wusste, das war das Wertvollste, was ich meinem Kind würde geben können. Doch erst einmal ging ich weiter studieren und in die Berufsschule, bis mein Arbeitgeber vom Krankenhaus das mitbekam. Ich wurde zu einem Gespräch eingeladen. *Warum studieren Sie weiter und gehen weiter in die Berufsschule? Sie haben ein ganz klares Beschäftigungsverbot!*, sagte er zu mir. Ich wusste nicht, dass dieses Beschäftigungsverbot auch für die Theorie galt.

Ich weiß bis heute nicht, weshalb ich dieses Beschäftigungsverbot überhaupt bekam. Ich war fit und hatte noch keine wirklichen Einschränkungen, doch den Mut, dagegen anzugehen, hatte ich damals auch nicht.

Vielleicht würden sich die meisten über ein Beschäftigungsverbot freuen, über „bezahlten Urlaub", doch ich, ich freute mich nicht darüber. Denn plötzlich war ich raus.

Ich war raus.

Aus allem.

Ich hatte nichts mehr, auf das ich hinarbeiten konnte.

Das erste Mal in meinem Leben.

Mein altes Ich konnte ich einfach immer noch nicht ganz loslassen. Ich MUSSTE immer etwas tun, darüber definierte ich mich nach wie vor. Ich konnte doch nicht einfach nur schwanger sein, so tickte die Welt da draußen doch nicht.

Mittlerweile waren wir ganz gut in der Gemeinde in Oldenburg angekommen.

In meiner Heimatgemeinde in Arpke hatte ich aufgrund des Umzugs ein Jahr zuvor meine Frauenarbeit aufgegeben, doch mein Herz schlug immer schon für Frauenveranstaltungen, für Abende, die wirklich nur für uns Frauen waren. Somit entschied ich mich, ein Konzept für die große Gemeinde in Oldenburg zu schreiben. Denn wie sich herausstellte, gab es dort noch keine wirkliche Frauenarbeit.

Ein paar Wochen später saß ich mit zwei wundervollen Frauen in der ersten Reihe meiner neuen Gemeinde, und hinter uns saßen circa 50 Frauen, die sich alle hatten einladen lassen. Ich hatte wieder eine Aufgabe. Das war schön, damit fühlte ich mich wohl und hatte das Gefühl, das war gerade mein Platz. Von meiner Seite aus hätte alles so weitergehen können.

Doch mit dieser Schwangerschaft rief Gott mich ins Ungewisse. Ich musste ihm vertrauen. Aber das wollte ich nicht. NOCH nicht. Noch versuchte ich, alles unter Kontrolle zu halten, alles weiter hochzuhalten. Mir ging es doch gut. Ich liebte dieses Leben. Ich hatte meine Aufgaben. Ich wollte zeigen, was ich alles kann. MIT Baby im Bauch.

KAPITEL 5:

KNOW YOUR SEASON

Seit gerade einmal fünf Monaten lebten wir nun in der neuen Heimat Oldenburg. Schon vor der Schwangerschaft besuchten wir jeden Sonntag den Gottesdienst der FCG Oldenburg. Wir lernten dort viele nette Menschen kennen. Wir ließen uns auf die für uns doch eher charismatische Art ein und lernten, was es heißt, wortwörtlich vor Gottes Thron zu tanzen. Wir mochten diese Gemeinde sehr. Wir gingen beide in Hauskreise und knüpften dadurch die ersten tieferen Kontakte.

Als ich schwanger wurde, war ich viel zu Hause, brachte Fritze jeden Tag warmes Mittagessen in die Firma und versuchte, unsere Wohnung immer mehr als unserer wahres Zuhause einzurichten. Doch das machte mich nicht glücklich. Ich war es nicht gewohnt, „nichts" zu tun. Statt zur Ruhe zu kommen, wollte ich etwas tun.

Und so entschied ich mich, nachdem ich einige Tage im Beschäftigungsverbot verweilt hatte, dass ich mein Leben jetzt anders angehen musste.

Die Schwangerschaft meines ersten Sohnes verlief unkompliziert und tatsächlich wie „nebenbei". So ganz konnte ich es noch nicht realisieren, dass ich bald Mama werden würde. Und ich dachte, mein Leben würde auch mit Kind nicht kompliziert. Ja, ich habe wirklich geglaubt, dass ich das Pensum fortsetzen könnte, was ich immer gehabt hatte. Ich würde das alles schon schaffen, auch mit Baby.

Am 08.08.2016 war schließlich der Stichtag. Unser gemeinsamer Freund Micha fragte am Morgen noch, ob er nicht für eine Nacht zu Besuch kommen könnte. Wir sagten Ja, denn ich dachte nicht, dass es schon bald losgehen würde mit den Wehen. Doch um Mitternacht ging es plötzlich los. Die beiden Männer fuhren mich in die Notaufnahme. Micha fragte tatsächlich, ob er mit reinkommen könne. Ich dachte, der wollte wirklich in den Kreißsaal, und sagte nur: „Neeeeiiin, definitiv nicht!"

Doch bis zur Geburt dauerte es dann noch recht lange. Wir gingen noch einmal raus auf den Parkplatz, um uns etwas zu bewegen. Dann gingen wir nach einer Stunde wieder rein und ruhten uns ein wenig aus, schließlich war es mitten in der Nacht. Plötzlich guckte eine Hebamme in unser Zimmer: „Herr und Frau Aselmann, stimmt das, dass Ihr Freund hier draußen auf der Bank schläft? Er meinte, er hätte Freunde hier im Kreißsaal, aber wir haben es ihm nicht geglaubt. Er kann hier auch nicht einfach schlafen…" Ja, diese Nacht werde ich so schnell nicht vergessen.

Nach vielen Stunden hielt ich unseren Sohn Manoah schließlich in meinem Arm. Er war ein Riesenbaby. Wog 4070 g. Und ich wartete auf diesen Highlight-Moment. Auf diesen Moment, in dem man bekanntlich alles um sich herum vergisst und einfach nur überglücklich sein Baby anschaut. Aber ich hatte Schmerzen und war total erschöpft. Für mich war dieser Moment zwar irgendwie schon schön, aber ehrlich gesagt hatte ich ihn mir schöner vorgestellt. *Schaffe ich es, eine gute Mutter zu sein?*, schoss es mir gleich durch den Kopf.

Erst später, als ich mit meinem Sohn schließlich im Zimmer auf der Station lag, schaute ich ihn an, und dann berührte es mein Herz doch sehr. „Wow, was für ein Wunder! Was für ein Wunder hast du getan, Jesus!"

Meine Mama und meine Schwester besuchten mich am nächsten Tag zuerst, und ich ertappte mich dabei, ihnen beweisen zu wollen, dass alles easy ist. Nach dem Motto: Schaut mich an, das mache ich hier alles mit links und nebenbei." Doch in Wahrheit war ich einfach nur erschöpft. Bei der Geburt hatte ich viel Blut verloren, sodass ich die ersten Tage nicht mal körperlich dazu in der Lage war aufzustehen, um meinen Sohn zu wickeln, geschweige denn noch irgendwas anderes zu schaffen.

PLÖTZLICH MAMA

Jetzt war ich also Mama. Mama mit 21 Jahren. Ich muss sagen, dass ich unglaublich dankbar dafür bin, wie Jesus uns auf dieser Reise geführt hat. Wir hatten damals absolut keine Ahnung von irgendetwas. Doch wir hatten eine sehr kompetente Frauenärztin, unter dem Krankenhauspersonal waren sogar Leute von unserer Gemeinde in Oldenburg, und unsere Hebamme ermutigte uns jeden Tag damit, dass wir die besten Eltern für dieses Kind sein würden. Gott stellte mir all diese Menschen zur Seite, die ich vorher nicht einmal kannte, die mir mit ihrem Wissen und ihren Erfahrungen geholfen haben, in mein Mamasein hineinzukommen.

Da war dann nur noch eine Sache, dir mir und uns große Sorgen bereitete. Und diese „Sache" sollte die nächsten vier Jahre prägen. Schon während der Schwangerschaft hatten die Ärzte uns mitgeteilt, dass unser Kind mit einer 50-prozentigen Wahrscheinlichkeit die Krankheit meines Mannes erben könnte. In der Schwangerschaft könne man dies jedoch noch nicht feststellen. Somit mussten wir warten, bis unser Sohn geboren war, und nach circa drei Wochen konnte man dann das erste Mal Blut abnehmen, um der Sache nachzugehen.

Ich war immer noch geschwächt, aber wir mussten dringend herausfinden, ob Manoah tatsächlich an dieser Krankheit litt. Weil die spezialisierte Klinik dafür in Hannover war, machten wir uns deshalb auf den Weg in die alte Heimat.

Und dann saßen wir da. Ich mit unserem Baby auf dem Arm. Die andere Hand hielt die Hand von Fritze. Zwei Ärztinnen saßen uns gegenüber. Fritze kannte die beiden schon jahrelang, denn sie hatten ihn selbst schon durch seine Krankheit begleitet. Die Ärztin schob uns einen Zettel hin mit dem Kommentar: „Sie wissen, was das bedeutet!"

Aber, ehrlich gesagt, wir wussten es nicht. Fritze hatte sich nie so gut mit seiner Krankheit auseinandergesetzt, dass er wusste, welche Werte in welchem Bereich liegen mussten. Ich schaute ihn nur an und wartete darauf, dass er mir irgendetwas durch seinen Blick verraten würde. Aber er schaute mich nur verwirrt an. Da sagte eine der Ärztinnen: „Ja, es tut mir leid, aber Ihr Sohn Manoah ist an der schweren Neutropenie erkrankt."

Ich sank tiefer in meinen Stuhl. Was bedeutete das? Ich wollte weinen. Aber ich wollte das nicht vor den Ärztinnen tun. Ich war doch eine starke Frau. Eine Frau, die versuchte, alles unter Kontrolle zu halten. Manoah schlief seelenruhig auf meinem Arm. Ich legte ihn in den Kinderwagen.

Die Ärzte hatten uns gesagt, dass Kinder mit dieser Krankheit klein und schwach auf die Welt kämen. Unser Sohn war groß, sehr groß, und kräftig. Ich hatte wirklich gedacht, er sei gesund. Ich schob den Kinderwagen in den Flur. Und dann überkam es mich. Ich weinte. Ich weinte, weil ich nun die Gewissheit hatte, dass er krank war. Ich weinte, weil ich spürte, wie sehr ich dieses Kind jetzt schon liebte, und in den letzten Wochen erlebt hatte, dass diese Bindung ganz besonders war und ist.

• • •

Wir fuhren nach Hause und uns beiden war klar: Diese Krankheit würde vieles verändern.

Am Anfang hat es mich so fertiggemacht. Manoah musste ab jetzt jeden Abend eine Spritze ins Bein bekommen. Ein Jahr habe ich gebraucht, um damit klarzukommen. Um damit klarzukommen, dass wir ihn jedes Mal zu zweit festhalten mussten, damit mein Kind nicht wusste, was passierte, wenn es diesen Schmerz spürte ... Oft wachte ich morgens schon mit Bauchschmerzen auf, weil ich wusste, dass ich am Abend wieder meinem Sohn wehtun musste.

Manchmal hoffte ich insgeheim, dass mein Mann nicht daran denken würde, dass wir ihn spritzen müssen, dass er es einfach vergessen würde. Das wäre dann mal ein Abend ohne Schmerzen gewesen. Wirklich, das war nicht leicht für mich. Genauso wenig wie die ganzen Blutentnahmen und ständigen Kontrollen. Mein Mann sagte dann irgendwann zu mir: „Ronja, wir machen das nicht, weil wir Manoah wehtun wollen. Wir machen das hier, weil wir ihn lieben und wollen, dass er lebt!"

Manoahs Krankheit wurde, wie bereits erwähnt, bisher nur in Hannover und in Tübingen behandelt. Wir fuhren somit für eine Untersuchung eine Strecke von 1,5 Stunden. Diese Krankheit fing an, mein Leben immer mehr einzunehmen. Und doch powerte ich nebenbei weiter.

Manoah war unkompliziert. Sein Name heißt übersetzt übrigens „Ort der Ruhe". Und das war er auch. Ein Ort der Ruhe. Er schlief sehr viel und war generell ein ruhiges Kind. Dies brachte mich dazu, schnell wieder meine alten Aufgaben zu übernehmen, und so fing ich wieder an, in diese Leistungsspirale zu geraten. Ich dachte, dass ich ja noch einen Schritt weiter gehen könnte, und begann deshalb, als Manoah gerade einmal zwei Monate alt war, ein Fernstudium der Theologie beim IGW (Institut für Gemeindebau und Weltmission).

Meine neue Gemeinde befürwortete und unterstützte das, und ich konnte voll einsteigen. Das Frauenprojekt lief gut, wir erreichten immer mehr Frauen, und ich staunte darüber, was Jesus daraus gemacht hatte. Doch dann kam das Chaos in unsere Familie. Wir mussten schwierige Entscheidungen treffen und schwere Momente des Abschieds und der Ungewissheit annehmen.

Wir mussten umziehen, denn Fritze kündigte aus persönlichen Gründen seinen Job und brauchte nun einen neuen. Er rief seinen ehemaligen Chef in der alten Heimat an, ob er wieder bei ihm anfangen könne. Sein Chef sagte ohne zu zögern Ja, und Fritze konnte schon einige Wochen später bei ihm anfangen. Ich war ein bisschen überfordert mit der ganzen Situation, aber es war alles so für uns vorbereitet.

Während wir in Oldenburg gelebt hatten, waren meine Eltern nach Korsika ausgewandert, um dort bei einem christlichen Werk mitzuarbeiten. Somit stand mein Elternhaus nun leer – als wenn dies alles zu einem großen Plan gehören würde. Wir durften als kleine Familie also in ein viel zu großes Haus ziehen.

In diesem Haus verbachten wir wunderschöne Zeiten. Wir wussten, wir werden hier nicht für immer bleiben, aber wir wussten, es war ein Geschenk, gerade hier sein zu dürfen. Wir feierten Manoahs Segnung in diesem Haus und seinen ersten Geburtstag. Nebenbei machte ich mein Studium weiter, denn meine Heimatgemeinde, die EFG Arpke, ermöglichte mir einen Praktikumsplatz bei ihnen, der als Voraussetzung für das Studium galt, sodass ich nicht aufhören musste.

• • •

Mein Alltag war schön. Aber auch voll. Ich liebte es mittlerweile sehr, Mama zu sein.

Vor allem liebte ich es zu erleben, wo ich schrittweise meine Freiheiten zurückbekam. Zum Beispiel nach dem Abstillen. Kurz vor Manoahs erstem Geburtstag gehörte mein Körper nun wieder mir. Wirklich, das war für mich ein großer Meilenstein, denn ich konnte nun auch mal einkaufen gehen, ohne die Angst zu haben, dass sich mein Sohn nur durch Stillen wieder beruhigen lässt.

Aber kaum hatte ich diese Freiheit wieder, wurde ich schon zum zweiten Mal schwanger, nicht einmal ein Jahr nach Manoahs Geburt. Ich dachte, das gibt es doch nicht. Dabei war ich nicht mal diese leidenschaftliche Mama, die es einfach liebt, auf dem Boden zu herumzukrabbeln, sich tolle Geschichten auszudenken und stundenlang mit dem Kinderwagen spazieren zu gehen. Und trotzdem durften wir dieses zweite Wunder erleben.

Ein ganzes Jahr durften wir im Haus meiner Eltern leben. Zwischendurch kamen meine Eltern für einige Wochen nach Deutschland zurück, und dann lebten wir gemeinsam in einem Haus. Am Ende des Jahres sollten meine Eltern jedoch für mehrere Monate nach Deutschland kommen, daher entschieden Fritze und ich, dass wir uns ein dauerhaftes Zuhause suchen wollten, und wir wussten auch schon, wo unser neues Zuhause sein sollte: im Elternhaus meines Mannes. Fritzes Eltern leben in einem großen und für mehrere Familien besser zugeschnittenen Haus, und so durften wir uns in der 1. Etage unser neues Zuhause bauen. Unsere erste richtige Baustelle – und alles wurde neu.

Am 23.12.2017 zogen wir in unser neues Heim, das Klo funktionierte seit einem Tag zuvor, und wir waren einfach nur superglücklich, dass wir nun hier für uns als Familie sein konnten. Unser zweiter Sohn, Timeo, kam einige Monate später, im Frühling, auf die Welt. Und er war kerngesund! Noch ein Wunder! Es dauerte ein bisschen, bis wir uns nun als vierköpfige Familie „eingegroovt" hatten, aber schon bald meldete sich wieder der Leistungsdruck in mir, und ich wollte allen beweisen, dass ich auch mit zwei Kindern meine Sachen durchziehen konnte.

Das Studium verlief mal gut, mal weniger gut, und doch war ich nach wie vor eine Frau, die viele Dinge gleichzeitig stemmte und vor allem in der Gemeinde sehr aktiv war. Ich dachte, so könnte es einfach weitergehen, doch dann wurde alles anders.

WAS IST GENAU HEUTE DRAN? UND IST DAS GENUG?

Es war ein schöner Vormittag, ich saß gerade an meinem Laptop mit einem leckeren Kaffee in der Hand, und meine beiden Jungs schliefen. Da begegnete mir zum ersten Mal der Satz: „Know your season!"

Dieser eine Satz ging mir nicht mehr aus meinem Kopf und meinem Herzen, und ich war sicher, dass Gott mich durch ihn rief. Ich hatte diesen Satz im Rahmen einer Themenreihe von Lisa Bevere und Havillah Cunnigton gehört, die sie online anboten. Diese beiden amerikanischen Frauen, die durch die Welt reisten und von ihrem Glauben sprachen, machten einen großen Eindruck auf mich. Nicht nur die Dinge, die sie predigten, sondern vor allem, *dass* sie predigten, begeisterte mich, denn sie waren, wie ich, Mamas von Jungs.

Ich konnte mich sofort mit ihnen identifizieren. Ich reiste im Rahmen meiner Frauenarbeit zwar nicht um die Welt, sondern vielleicht mal nach Wolfsburg und Haiger, aber die große Gemeinsamkeit sah ich darin, dass sie eben auch Frauen waren, die nicht einfach nur Mamas waren, sondern ihre Zeit und ihre Begabungen investierten, um anderen von Jesus zu erzählen und sie in ihrem Glauben zu stärken.

Zwei Frauen, die scheinbar problemlos die Balance zwischen Familie und Dienst halten konnten. Genau das versuchte ich ja auch irgendwie, seitdem Manoah auf der Welt war. Und dann, während ich darauf hoffte, von ihnen zu lernen, wie das noch besser funktionieren könnte, fiel der Satz: „Know your season!"

Ich hatte gerade einmal zehn Minuten am Laptop gesessen und mir diese Session angehört. „Ja, du hast Gaben und Talente. Und ja, Gott will dich vielleicht wirklich an diesem oder jenem Ort haben und Großes durch dich tun. Aber erkenne deine *heutige* Berufung, den Platz, den du *heute* einnehmen sollst. Nur, weil du dieses oder jenes gut kannst, heißt das nicht, dass du heute diese Gaben und Fähigkeiten einsetzen sollst. Alles hat seine Zeit."

So ungefähr waren ihre ausführenden Worte dazu.

Ich schaute von meinem Bildschirm hoch und klappte meinen Laptop zu.

Der Satz saß: „Know your season."

Kenne ich meine heutige Berufung? Wie sehe ich meine Berufung? Weiß ich, was gerade jetzt dran ist für mich?

Dieser Satz und diese Fragen ließen mich in den nächsten Tagen und Wochen nicht los.

Ständig musste ich darüber nachdenken. Diese beiden Frauen waren JETZT im Dienst unterwegs für Jesus und reisten viel, aber tatsächlich waren ihre Kinder auch teilweise schon erwachsen. Doch wie hatte ihr Leben vor ein paar Jahren ausgesehen, als es noch Kleinkinder gewesen waren? War es da nicht etwas anderes, das ihr Leben und ihren Alltag ausgemacht hatte? Und was war mit mir?

Ja, ich war als Mama zu Hause; ich hatte mich entschieden, mehr Priorität darauf zu legen, und doch war ich immer noch so viel mehr – oder wollte es unbedingt sein: Ich war eine Studentin, und zwar eine, die nur die besten Noten nach Hause bringen wollte. Und ich war ein engagiertes Gemeindemitglied. Ja, ich arbeitete viel in der Gemeinde und war deshalb oft gestresst und kam mit dem Haushalt nicht hinterher. Außerdem hatte ich kaum noch Zeit für den Mann, den ich mal verliebt geheiratet hatte. Studentin, Gemeindemitarbeiterin, Hausfrau, Ehefrau, Mama – alles wollte ich gleichzeitig sein. Doch in der Zeit, in der ich diesen Satz „Know your season" in mir trug, fühlte es sich so an, als würde Jesus mir eindrücklich und doch voller Liebe sagen: „Ronja, ich wünsche mir, dass du einfach nur zu Hause bist. Bei deinen Kindern."

Meine erste Reaktion war pure Abwehr: „Das geht nicht! Jesus, das kann ich nicht!"

Denn diese Situation hatte ich schließlich schon mal gehabt. Als ich schwanger geworden war, hatte das für mich indirekt genau diese Aussage beinhaltet: Du wirst Mama und musst alles andere aufgeben!

Und das wollte ich damals nicht, und auch an diesem Punkt wollte ich es noch nicht. Ich merkte, wie schwer es mir immer noch fiel, nichts leisten zu können. Es fiel mir so schwer, nichts zu tun, weil ich mich, wenn ich ehrlich war, immer noch darüber definierte. Immer und immer wieder.

Und dieser Satz löste eine große Angst in mir aus. *Wenn ich „nichts" mehr mache, wer bin ich denn dann noch? Und ist das genug? Ist MIR das genug? Und was bedeutet es, einfach nur Mama zu sein, dieses „nichts anderes tun"? Was ist denn meine Season genau?* Diese Fragen quälten mich.

Doch Jesus ging mir nach. Er ging mir nach in meinen Zweifeln und in meiner Angst, ein Niemand zu sein. Und dann stellte er mir die Frage: „Vertraust du mir? Vertraust du mir, dass du genug bist, wenn du nichts mehr leistest? Vertraust du mir, dass ich dich genau dahin führe, wo du hinsollst, an den Ort, den ich für dich vorbereitet habe?

WOW. Ich konnte mir einfach nicht vorstellen, dass das ein schöner Ort sein sollte. Ich konnte mir nicht vorstellen, dass der Ort „Zu Hause als Mama" schön sein konnte. Oder zumindest „NUR Mama zu Hause". Das war mir zu wenig. Das reichte für meine Vorstellungen nicht aus. Vielleicht gab es andere Frauen, die voll in dieser Mutterrolle aufgingen, aber ich ahnte, dass ich nicht dazugehörte.

Ich hatte einfach nicht das Gefühl, dass ich es fertigbringen würde, nur Mama zu sein, auch wenn ich den Eindruck hatte, dass Jesus genau DAS als meine Season sah. Es ließ mich einfach nicht mehr los, aber in meinem noch immer vollgepackten Alltag hatte ich genug Aufgaben, To-dos und Menschen, die mich von der leisen Stimme Jesu immer wieder ablenkten, sodass meine Season wieder weiter in den Hintergrund rückte.

Stattdessen redete ich mir ein:

Ich schaff das! Ich kann das alles parallel. Das habe ich doch sonst auch immer geschafft!

Doch da war diese Krankheit meines Sohnes. Und diese Krankheit half mir schließlich, wirklich zu verstehen, wo mein Platz war. Jetzt gerade war dieser Platz für mich zu Hause. Hier wollte Jesus mich haben. Meine Kinder brauchten mich. Sie brauchten mich ganz. Ich war immer der Meinung gewesen, dass man neben der Kindererziehung noch arbeiten gehen, Projekte planen und sich ehrenamtlich engagieren kann. Doch ich wusste – und das nun schon seit einer längeren Zeit –, dass das aber NICHT der Plan für mich war.

Und das verstand ich endgültig, als mein Sohn in Lebensgefahr schwebte. Auf der Fahrt von München nach Hannover. Als er um sein Leben kämpfte und ich nicht ganz da sein konnte, weil ich gedanklich schon bei der Hausarbeit war, noch schnell etwas fertig planen wollte, dieses und jenes noch machen musste …

Stopp.

ENDLICH: MEIN JA ZU GENAU DIESER SEASON

Plötzlich wurde mir alles zu viel. Da war ich nun in diesem Doppelzimmer im Krankenhaus, neben mir lag ein Kind, das einen Hirntumor und nur noch einige Wochen zu leben hatte, und ich war hier mit meinen beiden kleinen Jungs, von denen der eine ebenfalls in Lebensgefahr schwebte. Ich war die ganze Zeit dabei, es unseren Zimmernachbarn so angenehm wie möglich zu machen. Aber so ein vier Monate altes Baby ruhig zu halten, wenn man nur zwei Quadratmeter zum Laufen und Beruhigen hatte, war gar nicht so einfach.

Nach 1,5 Wochen Krankenhaus lagen meine Nerven schließlich blank. Ich schaffte das alles nicht mehr. Es wurde mir einfach alles zu viel. Ich war innerlich so unruhig. Ich wusste immer noch nicht, ob mein Kind es schaffen würde. Ich wusste nicht, ob mein zweiter Sohn sich ausreichend geliebt fühlte in dieser ganzen Situation. Ich war einfach nur fertig.

Dann wurde endlich ein Einzelzimmer für uns frei. Etwas aufatmen. Endlich konnte ich das Baby auch mal ein paar Laute machen lassen. Das tat gut. Ich wurde ruhiger, auch wenn der Keim in Manoah weiterwütete und der Kampf noch nicht gewonnen war.

Ich war die letzten 2,5 Jahre ständig mit Manoah im Krankenhaus gewesen, mein Alltag war geprägt davon, auf ihn besonders zu

97

achten, ihn schon vor Kleinigkeiten zu schützen, ihn zu isolieren, wenn es sein musste. Rein rational betrachtet würde jeder sagen, dass es zeitlich gar nicht möglich sei, nebenbei noch zu studieren. Nur ich selbst hatte das nie einsehen wollen. Doch nun konnte ich nicht mehr. Ich war völlig k. o. Ich saß am Bett von Manoah und schrieb meinem Pastor eine WhatsApp, dass ich aufhören würde zu studieren. Dass ich aufhören würde mit der Gemeindearbeit.

Das tat weh. Es tat weh, wieder etwas nicht geschafft zu haben, wieder etwas nicht zu Ende gebracht zu haben. Doch in dieser Krankenhausphase ließ ich mich das erste Mal drauf ein. Ich wollte einfach nur Mama sein. Für meine beiden Jungs. Ich wollte ganz da sein. Ich wollte meine Zeit für sie „verschwenden". *Ich will, Jesus. Ja, ich will!,* sagte ich in meinem Herzen.

Ich weinte so viel in dieser Krankenhauszeit, und auf einmal wünschte ich mich genau an diesen Ort. An diesen Ort, den Jesus für mich vorgesehen hatte. Ich sehnte mich nach unserem Zuhause. Nach dem Ort, wo ich mit meiner Familie zusammen sein konnte. Nach dem Ort, wo ich meinem Mann dienen konnte. Nach dem Ort, wo ich darüber staunen durfte, was meine Jungs lernen. Nach dem Ort, den Jesus für mich hatte.

Aber es war so schwierig.

Es forderte Mut.

Es forderte Einsicht.

Es forderte Kapitulation.

Schritt für Schritt.

Und dieser erste und wichtige Schritt war, mein Studium aufzugeben oder zumindest zu pausieren. Dann gingen meine Schritte weiter, denn auch wenn es nicht so offensichtlich wie mein Studium war, tat ich nebenbei noch viele andere Dinge, die viel Zeit kosteten.

Zum Beispiel meine Aktivitäten in den sozialen Medien.

Auch auf meinem damaligen Instagram-Account drehte sich alles darum, was ich hatte, was ich konnte und was ich meisterte. Ich war ständig damit beschäftigt, neuen Content dafür zu kreieren, Fotos zu knipsen und Posts zu schreiben. Ja, auch das hinderte mich daran, meine Season zu erkennen und herauszufinden, was gerade wirklich für mich dran war.

Ich mochte es gern, in den sozialen Medien unterwegs zu sein, und dachte auch immer, dass dies keine Gefahr für mich sei. Aber um Jesus wirklich die Möglichkeit zu geben, mir meine Season in ganzer Fülle zu zeigen, nahm ich mir vor, eine Weile Instagram zu fasten. Die Zeit, die ich vorher investiert hatte, um mich selbstoptimiert zu präsentieren, wollte ich nun investieren, um mehr darüber zu lernen, wer Gott wirklich ist, und mich von seinem Wesen und seiner Sicht auf mich mehr prägen lassen als von den Likes und Follower-Zahlen, wie ich es vorher getan hatte. Ich wollte Instagram so lange fasten, bis ich einmal die Bibel von vorne bis hinten durchgelesen hatte. Ich gab Jesus diese Chance. Und ich gab das geliebte Scrollen auf.

Des Weiteren sortierte ich meine Beziehungen.

Auch das war kein einfacher Weg. Ich hatte damals viele Beziehungen, in die ich immer nur gegeben habe. Ich schaffte es, viele zu „betreuen" und zu „coachen", dabei war ich selbst leer. Ich „verkleinerte" also meinen Beziehungskreis.

Und dies ist etwas, was ich bis heute bewahrt habe. Am Ende des Jahres schaue ich mir meine Freundschaften an und stelle mir die Fragen: In welche möchte ich investieren und wie viel kann ich investieren? Welche Beziehungen tun mir richtig gut, wo kann ich auftanken und mich fallen lassen? Welche Beziehungen helfen mir, den Fokus im Blick zu behalten, welche formen mich, und wem erlaube ich, in mein Leben zu sprechen?

Ich war damals völlig überfordert mit meinen Beziehungen. Ich versuchte, mit zu vielen Menschen intensive Beziehungen zu leben, aber ich schaffte es nicht. Nachts konnte ich teilweise nicht schlafen, weil ich wusste, dass ich dieser Person auf WhatsApp noch nicht geantwortet hatte und dass ich außerdem noch zwei Geburtstagspakete auf den Weg bringen musste. Ich wollte niemanden enttäuschen, ich wollte alles geben. Aber an vielen Punkten hatte ich gar nichts mehr zu geben und verlor dadurch auch immer mehr meine Familie aus dem Blick. Denn für alle versuchte ich, Zeit zu finden; ich versuchte, das Pensum an Beziehungspflege auch MIT Kindern aufrechtzuerhalten, aber es ging einfach nicht mehr.

Ich hatte Freunde, die nicht nachvollziehen konnten, warum ich mit Kindern nicht mehr so viel Zeit hatte wie früher. Es machte mich kaputt und zerriss mich innerlich, den ganzen Erwartungen nicht mehr gerecht werden zu können. Also musste ich Beziehungen aufgeben – die, die mir nicht mehr guttaten oder aber auch die, die einfach zu viel für mich geworden waren. Es war und ist oft nicht leicht. Doch noch heute sage ich mir oft: *Suche dir deine 12 Jüngerinnen.*

Und damit meine ich nicht, dass ich Jesus bin, dem die anderen nachfolgen sollen, sondern ich nehme mir Jesus in seinem Umfang an Freunden als Vorbild. Jesus war mit 12 Jüngern unterwegs. Tausende von Menschen wollten bei ihm sein und seine engsten Freunde werden. Und ja, Jesus liebte sie zweifellos alle. Doch er entschied sich bewusst für diese 12 und investierte besonders in sie. 12 klingt viel und ist es auch. Doch unter diesen zwölf hatte Jesus auch noch mal drei Jünger, die er besonders nah an sich ranließ – Petrus, Johannes und Jakobus.

Mach dir vielleicht echt mal eine Liste mit den Menschen, die du liebst und in die du investieren möchtest. So mache ich es auch, aber diese Liste kennt keiner außer mir. Doch sie hilft mir sehr, mich zu fokussieren, und vor allem hilft sie mir, für mich selbst gesunde Grenzen zu setzen. Denn für einen Beziehungsmenschen wie mich ist es nicht einfach, sich auf wenige intensive Beziehungen zu beschränken. Aber ich weiß, es macht mich frei, und es ist auch eine Wertschätzung den Menschen gegenüber, mit denen ich in intensiven Beziehungen leben will.

Nach Jahren setzte ich auch endlich meine eigene Familie als höchste Priorität, und mir wurde klar, dass ich das bis jetzt nicht gemacht hatte. Ich beendete oder pausierte viele Beziehungen und priorisierte sie ganz neu.

• • •

Und dann auf einmal, fast wie von heute auf morgen, hatte ich wirklich keine Aufgaben mehr. Kein Amt mehr in der Gemeinde. Keine schriftliche Hausarbeit, die ich für mein Studium abgeben musste. Keine digitalen Inputs mehr, die vorbereitet werden mussten, und damit auch keine Gedanken mehr daran, wie ich welche Szene und welches Thema am besten für Social Media aufbereiten könnte.

Da war nur noch ich. Ich und meine kleine Familie.

Nachdem ich diese Entscheidung getroffen hatte, alles, was nichts mit Mamasein und Ehefrausein zu tun hat, aufzugeben, merkte ich erst, wie k. o. ich eigentlich war. Wie sehr mich das alles geschlaucht hatte. Aber gerade in diesem neuen Zur-Ruhe-Kommen merkte ich noch etwas anderes ...

Es war der Sonntag, nach dem ich meine Entscheidung verkündigt hatte, mein Leben komplett herunterzufahren. „Eine traurige Nachricht: Ronja wird mit dem Studium pausieren und erst mal nicht mehr in der Gemeinde tätig sein. Der Grund ist ihre familiäre Situation", sagte mein Pastor im Gottesdienst.

Kopfnicken in allen Stuhlreihen. Das konnte jeder nachvollziehen. Mit so einem kranken Kind nebenbei nichts machen zu können, das war verständlich. Doch in diesem Moment spürte ich, dass das gar nicht der Kern des Problems gewesen war. Der Grund war nicht allein meine familiäre Situation. Der Grund war nicht nur mein krankes Kind. Der Grund, warum es so wichtig war, dass ich einen Gang zurückschaltete, war, dass ich dabei war, das zu verlieren, was mir in meinem Leben das Wichtigste war: die lebendige Beziehung zu Jesus Christus. Durch all meine Aufgaben war ich dabei, ihn aus dem Mittelpunkt meines Lebens zu vertreiben.

Es ist verrückt, aber der Teufel hält uns manchmal mit noch so guten und sinnvollen Aufgaben davon ab, unserer wahren Bestimmung, nämlich in einer lebendigen Beziehung mit Gott zu leben, nachzukommen.

• • •

Es forderte von mir eine radikale Kapitulation, den endgültigen Ausstieg aus meinem Hamsterrad, den Ausstieg aus meiner inneren Hektik, den Ausstieg aus dem Leistungsdenken. Es forderte das Aussteigen aus all meinem TUN.

Ich musste einmal raus aus allem, weil ich erkennen und wissen wollte, was meine Season denn nun wirklich war. Ich wusste, dass ich Mama und Ehefrau sein durfte. Doch ich spürte, dass etwas Großartiges auf mich warten würde.

Auf einmal hatte ich viel Zeit. Viel mehr Zeit als vorher. Natürlich hatte ich mit zwei Kleinkindern gut zu tun. Das ist wirklich ein Vollzeit-Job. Doch ständig kamen mir wieder die Lügen in den Kopf wie: „Ronja, du musst doch etwas tun." „Ronja, das reicht nicht aus." Aber ich harrte aus. Ich wusste, dass Jesus mir den klaren Impuls gegeben hatte, zu Hause zu sein. Und diesmal wollte ich ihn nicht ignorieren.

Ich hatte Zeit, Zeit für meine Kinder. Zeit, um die Wohnung ordentlich zu halten. Zeit, um zu kuscheln. Zeit, wenn mein Mann von der Arbeit kam, um gemeinsam und in Ruhe mit ihm zu essen. Ich hatte Zeit für bewusste, intensive Stillphasen.

Es wurde ganz ruhig um mich herum. Es brauchte eine Zeit, aber irgendwann fing ich an, darin so richtig aufzugehen. Ich fing an zu erkennen, was meine jetzige Berufung war. Mama sein und Ehefrau. Und in dieser Berufung DEN kennenzulernen, der mich dazu gemacht hat.

Nur das? Vielleicht denkst du dir jetzt: „Na ja, ein bisschen mehr schafft man schon." Ja, ich weiß, dass man mehr schafft. Das habe ich ja auch jahrelang getan. Das funktioniert irgendwie. Aber das war nicht das, was Jesus für mich vorgesehen hatte.

Ich lernte, anzukommen in meiner Season. Und sie wurde zu einem wahren Geschenk, einem unglaublichen Privileg.

Ehefrau. Mama. Und Jesusliebhaberin. Das war ich nun „nur noch" – und es fühlte sich wunderbar an.

RAISE A HALLELUJAH

Mein Mamasein und Ehefrausein konnte ich schnell annehmen, das war ich schließlich auch schon seit einiger Zeit. Doch ich lernte noch viel mehr, dass ich dazu berufen bin, mit Jesus in engster Gemeinschaft zu leben.

Ich betete mehr, befahl Jesus meine Kinder an. Und war bereit zu sehen, wo ich noch Veränderung in meinem Leben brauchte. Ich wollte eine Ehefrau nach dem Herzen Gottes werden. Und je mehr ich meine Season annahm, desto mehr begann ich, diese Zeit zu lieben.

Auf einmal liebte ich diese Zeit, in der ich nur zu Hause war – ungelogen: Jeder Tag war schön! Ja, meine Kinder weinten manchmal und waren auch mal anstrengend. Doch ich liebte es, zu Hause zu sein. Ich spürte so richtig, dass mein Leben sich veränderte, dass mein Herz erfüllt war und dass ich immer mehr verstehen durfte, dass diese Fülle immer in der richtigen Season für uns zu finden ist.

Ich begann, in die Dinge zu investieren, die früher für mich eher unter die Kategorie „nicht produktiv genug" oder „verschwendete Zeit" gefallen waren. Und ich wollte mehr von diesem Jesus. Ich wollte mehr in dieser Berufung leben, zu der er mich in erster Linie beruft: die Gemeinschaft mit ihm. Doch was bedeutete das konkret? Was bedeutete es, meinen Alltag als Mama und Ehefrau in ständiger Gemeinschaft mit Gott zu verbringen?

Diese Season ließ mich lernen und erkennen, was das bedeutete.

Zeit mit Jesus verbringen.
An seinem Herzen sein.
In seinem Wort lesen.

Das hört sich vielleicht nicht so spektakulär an, doch es war für mich das Größte, zu verstehen und annehmen zu dürfen, dass ich einfach SEIN darf. Und ich erlebte tiefe Fülle. Ich erlebte, dass ich GENUG war.

Einmal kniete ich in meinem Wohnzimmer. Wir hatten uns ein helles Holzkreuz bauen lassen, das nun an unserer Wohnzimmerwand hing. Darauf blickte ich jetzt. In diesem Moment waren da nur Jesus und ich. Mein Mann war unterwegs und meine Kinder schliefen. Und Jesus sprach zu mir. Nicht hörbar, aber spürbar: „Siehst du, Ronja, du bist so viel. Du bist so viel für mich, obwohl du in deinen Augen nichts tust. Doch du bewegst etwas, einfach dadurch, dass du bei mir bist. Ronja, ich liebe dich und ich will das Beste für dich. Ich will dir zeigen, dass ich so viel mehr für dich habe. Bleib bei mir. Verweile bei mir und es wird dich erfüllen. Ich liebe dich. Verstehst du das? Ich habe alles getan und aufgegeben, damit du heute hier in deinem Wohnzimmer knien und diese Gemeinschaft genießen darfst, und ich würde es für dich immer und immer wieder tun. Du bist es mir wert, und ich liebe nichts mehr, als mit dir hier zu sein."

Ich war überwältigt und zutiefst gerührt.

Meine Beziehung zu Jesus wurde in dieser Season so tief. Ich verstand und liebte ihn immer mehr.

• • •

Ein Blogeintrag von meiner Website:

Raise a Hallelujah (November 2019)

Zu Hause angekommen. Die 25-minütige Autofahrt vom Krankenhaus nach Hause hatte ich geweint, geschrien, Gott ange-
fleht. Mein Sohn wurde mal wieder stationär aufgenommen und
es zerreißt mir das Herz. Ich mache den Motor aus. Das Licht
der Innenbeleuchtung geht an, ich schau aus dem Fenster: alles
dunkel draußen. Ich habe meinen jüngeren Sohn den ganzen Tag
noch nicht gesehen ... und dann spiegelt sich mein Tattoo in der
Fensterscheibe wider: „Raise a Hallelujah".

Diese Liedzeile aus dem gleichnamigen Lied von Bethel Church ließ
ich mir vor wenigen Monaten auf meinen Unterarm tätowieren.

„Ich erhebe ein Halleluja in der Gegenwart meiner Feinde. Ich
erhebe ein Halleluja, das lauter als der Zweifel ist. Ich erhebe ein
Halleluja, der Himmel kommt, um für mich zu kämpfen", heißt
es (frei übersetzt) im Refrain.
   Dieses Lied wurde geschrieben, als ein kleiner Junge lebensgefährlich erkrankte und diese Situation eine ganze Kirche ins Gebet trieb. Ein Lobpreislied, entstanden in einer schweren Zeit. In
dieser Situation konnte ich mich mit unserem älteren Sohn, der
ebenfalls an einer lebensbedrohlichen Krankheit leidet, sehr gut
wiederfinden. Immer wieder diese Krankenhausaufenthalte, auch
solche, bei denen wir nicht wussten, ob wir das Krankenhaus mit
einem lebenden Kind verlassen würden. Doch ich wollte und will
mich immer dazu entscheiden, ein Halleluja zu erheben.

Raise a Hallelujah.

Auch wenn ich wieder in diesem Auto sitze, völlig fertig. Völlig fertig, verzweifelt und am Ende meiner Kräfte. Völlig fertig und mit blutendem Herzen. Völlig fertig, kraftlos und voller Fragen. Und doch entscheide ich mich, wieder an Gott festzuhalten. Ich glaube an einen guten Gott. Einen Gott, der mich und vor allem mein Kind sieht und liebt.

Ich glaube an einen Gott, der einen guten Weg für unsere Familie bereitet hat. Ich entscheide mich, ihn zu ehren, auch wenn ich seine Wege nicht verstehe. Ich entscheide mich heute, den anzubeten, der größer und mächtiger als jede Krankheit ist – auch wenn es mir nicht immer leichtfällt.

„Ich werde singen, mitten im Sturm,
lauter und immer lauter wirst du meinen Lobpreis hören,
aus der Asche heraus wird Hoffnung auferstehen,
denn der Tod ist besiegt, mein König lebt!"

So heißt es übersetzt in diesem Song und genau das glaube ich. Ich glaube an einen realen Gott! Er lebt, und das dürfen wir, obwohl mein Sohn immer wieder kämpft, wirklich erleben! Wir erleben, wie Gebet trägt. Was Gott mir als Mami für eine übernatürliche Stärke und ein Durchhaltevermögen schenkt, das ich aus eigener Kraft nie aufbringen könnte. Er schenkt mir in all dem Durcheinander einen tiefen Frieden und die Perspektive Ewigkeit.

Und diese Wahrheiten sind inzwischen so tief in meinem Herzen verankert. Als ich Manoah bekam, wusste ich all das schon, aber jeder neue Rückschlag, jeder Kampf, jeder Krankenhausaufenthalt hat mit mir vor allem zwei Dinge gemacht: Angst und Zweifel geschürt und den Drang in mir verstärkt, noch mehr zu leisten. In dem Prozess, in dem ich begann, meine Season anzunehmen, bin ich aus diesem Leistungsaktivismus ausgestiegen und durfte wahre Freiheit erleben.

Früher hatte ich zwar vom Kopf her gewusst, dass Gott gut ist, aber ich sah es nicht, ich spürte es nicht. Es machte, wenn es hart auf hart kam, keinen Unterschied.

Und jetzt? Jetzt ist es immer noch schwer und furchtbar, aber trotzdem anders.

Dieses Tattoo erinnert mich immer wieder daran, wer Gott ist: der, der gut ist und würdig, angebetet zu werden. Das schenkt mir eine ganze neue Freiheit, obwohl es nicht immer leicht ist.

Ich entschied mich, Gottes Weg zu gehen. Ich entschied mich, den Platz einzunehmen, den Gott für mich vorbereitet hatte, auch wenn es immer mal wieder sehr herausfordernd war.

Doch als ich dann im Juli 2020 den nächsten Krankenhausaufenthalt mit meinem Sohn hatte, spürte und erlebte ich wieder ganz neu, dass mich nichts und niemand von diesem Jesus wegbringen konnte.

Ich hatte die letzten Wochen und Monate damit verbracht, in meiner Season zu leben, sie anzunehmen, in ihr anzukommen und sie auszuleben. Und diese Zeit war vor allem davon geprägt, zu beten, Bibel zu lesen und zu verstehen, wer Gott ist.

• • •

Nun saß ich wieder am Bett meines Sohnes und er rang um Luft. Wir wurden isoliert. Die Ärzte teilten uns mit, dass seine Entzündungswerte gestiegen seien und die Infektionssymptome zunehmen würden. Wenn bei Manoah ein Wert nicht in Ordnung war, war immer klar, dass wir mehrere Tage stationär bleiben mussten. Die Ärzte versuchten, den Infekt mit Antibiotika in den Griff zu bekommen. Wieder Antibiotika.

Die Ärzte hatten uns schon bei dem Infekt davor gesagt, dass sie hofften, das Antibiotikum schlage überhaupt noch an, denn er wurde einfach schon zu oft in seinen jungen Jahren mit diesen starken Medikamenten behandelt.

Es war wieder ein kritischer Zustand. Wieder stand ich am Bett und wusste nicht, wie diese Sache ausgehen würde. Wieder waren wir rausgerissen aus dem Leben.

Und dann lag diese Entscheidung in der Luft: *Müssen wir dieses Mal einen anderen konkreten Weg gehen?* Brauchte er eine Stammzellentransplantation, da die Medikamente, die wir ihm spritzten, offensichtlich nicht mehr wirklich anschlugen und er zu oft schon mit leichten Infektionen kämpfte, die für ihn immer gleich Lebensgefahr bedeuteten?

Doch niemand konnte uns sagen, ob diese Transplantation nun infrage käme oder nicht. Wir warteten eigentlich schon seit seiner Geburt vor vier Jahren auf eine konkrete Entscheidung, wie es mit unserem Sohn weitergehen sollte.

Fritze und ich hatten über die Jahre herausgefunden, wie wir die Krankenhauszeiten als Familie am besten überstehen konnten. Ich war immer tagsüber da, konnte mich morgens und abends um Timéo kümmern, und Fritze übernahm nach der Arbeit die Nachtschicht.

Mein Mann ist einfach mein größter Held! Auch wenn es oft schwierig war, bewahrte er immer die Ruhe und seinen tiefen Frieden. Doch in dieser Nacht war das anders, und es sollte auch das einzige Mal während unserer ganzen Krankenhausaufenthalte bleiben. Es war spät. Timéo und ich hatten an diesem Abend noch nicht gespielt und gekuschelt, da meldete sich Fritze bei mir (originaler WhatsApp-Verlauf zwischen Fritze und mir):

Er bekommt jetzt Sauerstoff und es werden alle Ärzte geholt.

Was?
Echt jetzt?
Ist die Sättigung noch weiter runtergegangen?

War bei 70.

Hä?

Fünf Ärzte!

Krass.
Schatz, was ist da los?

Ich weiß es nicht.

Wie kommt das?

Er muss geröntgt werden.
Es sieht nicht gut aus, Ronja.

Soll ich kommen?

Ich frage gleich mal, ob das geht (Corona).
...
Jetzt sind alle wieder raus.

Soll er jetzt geröntgt werden?

Ja.

Ich verstehe das nicht.
Haben die schon irgendetwas gesagt?

Komm bitte.

Jetzt wirklich?

Bitte.

Timéo schläft noch nicht ...
Fritze, ist es so ernst???

Dann komm, wenn er schläft.

Darf ich denn?

Ja.

Nachricht von mir an unsere Familie:
Ich bin jetzt auch in der Klinik. Der rechte Lungenflügel ist komplett unversorgt gewesen. Wir waren eben beim Röntgen. Manoah hat Kortison bekommen und bekommt nun ordentlich Sauerstoff. Er hat viel geweint und ist völlig k. o. Fritze wird bald nach Hause fahren, morgen früh werden wir dann mehr wissen. Jetzt hoffen wir auf eine Nacht mit etwas Schlaf.

Fritze verließ das Zimmer. Ich nahm Manoahs Hand und streichelte ihn. Was für ein Schock, und doch sah er jetzt schon wieder viel besser aus. Ich wurde ruhig, alles um uns herum wurde ruhig. Das Licht wurde ausgemacht. Dann musste ich lächeln. Ich war dankbar. Dankbar für diese wunderbare Ehe, die ich erleben durfte. Eine Ehe, die in den letzten Jahren so tief gewachsen ist. Eine Ehe, die so vieles aushält. Eine Ehe, die sich auf das Gute stützt, und eine Ehe, die fest in Jesus verbunden ist. Ich fing an, Jesus dafür zu danken, und staunte darüber, wie gut er einfach ist.

Früher war ich in solchen Situationen wie gelähmt gewesen. Mich lähmte der Zustand meines Kindes, ich war oft nicht mal mehr fähig, eine WhatsApp-Nachricht an meine Freundinnen zu schicken. Doch die letzten Wochen und Monate, die intensive Zeit mit Jesus und das einfache SEIN vor und mit ihm hatten mich verändert. Statt einfach nur dazusitzen, aus dem Fenster zu starren oder zu schlafen, stieg ich in den Lobpreis ein.

Niemals würde ich in diesem Frieden, in dieser Ruhe und in dieser Gewissheit, dass alles gut ist, leben können, wenn ich Jesus nicht hätte.

Meine heutige Berufung anzunehmen, war das, was mich einerseits frei gemacht hatte und mich anderseits genau dafür vorbereitet hatte, diesen schweren Zeiten gestärkt zu begegnen. Und das Schöne ist, es braucht kein besonderes Vorwissen, keine besondere Story, um seine Season zu erkennen. Das Einzige, was man braucht, ist die Bereitschaft, Gottes leiser Stimme zu folgen – auch wenn wir sie nicht immer verstehen –, dann werden wir nach und nach entdecken, wohin und wie er uns führt.

MEINE – UND DEINE – WICHTIGSTE BERUFUNG

Ich habe die letzten Jahre versucht, bewusst in die Zeit mit Gott zu investieren, um wirklich zu lernen, wie ich ihn besser verstehen, ja, echte Gemeinschaft mit ihm haben kann. Und genau darin ist er mir begegnet als ein Gott, der besser weiß als ich, was gerade für mich dran ist, und der auch Wege findet, mir das klarzumachen.

Manchmal wünschen wir uns große Aufträge und haben gleichzeitig Angst, dass Gott so etwas sagen könnte wie: „Hey, super, dass du dir eine große Berufung wünschst! Dann auf geht's nach Afrika!" Es kann sein, dass er das tatsächlich manchmal sagt, aber viel öfter sind es die kleinen Dinge, bei denen Jesus ansetzt, wenn es um unsere Berufung geht. Themen wie meine Beziehungen, echter Lobpreis und Dankbarkeit, meine Ehe und so weiter. Und IMMER wird er dich zunächst in die Gemeinschaft mit ihm selbst berufen!

Gemeinschaft mit Jesus haben bedeutet Austausch, einander kennenzulernen und dir von ihm aufzeigen zu lassen, was in dir steckt. Gott will dich vorwärtsbringen im Leben und dich stark machen. Und das wirst du nirgendwo anders als in der Gemeinschaft mit ihm. Ich erlebe Gemeinschaft mit Jesus beim Entspannen in meinem Wohnzimmer, beim Spazieren in der Natur, beim Beten, in Gemeinschaft mit anderen Christen und wenn ich in der Bibel lese.

Und in dieser Gemeinschaft zeigt Gott mir, was für mich dran ist. Manchmal schickt er mir auch Menschen über den Weg, die mich zu den nächsten Schritten führen.

Und ja, manchmal, oder vielleicht sogar oft, macht Gott mich in der Gemeinschaft mit ihm dann auf Dinge aufmerksam, die eigentlich gar nicht auf meiner To-do-Liste des Lebens standen und mir im ersten Moment vielleicht auch nicht so gefallen. Doch auf dem Weg in unsere Berufung müssen wir manchmal bereit sein, auch die unbequemen Schritte zu gehen.

Berufung leben heißt in erster Linie: mit Jesus unterwegs sein. So hat er mich, die ich immer nach neuen Aufgaben gefragt hatte, in meine Season der Ruhe gerufen. Denn genau dort wollte er mir begegnen und mich nicht nur oberflächlich „beschäftigen", sondern zum Kern jeder Berufung führen: in seine Nähe. Oder wie Timothy Keller es in seinem Buch „Ehe" ausdrückt: „Eine intakte Beziehung zu Jesus ist nicht das ‚Add-On' zu unserer Arbeit oder Aufgabe – diese Beziehung zu Jesus IST unsere WICHTIGSTE BERUFUNG."[7]

Das meinte ich damit, dass diese Berufung die Grundlage für mein ganzes Leben ist. Denn ihr zu folgen heißt, in kleinen Momenten „alltagstreu" zu sein. In dem Moment, in dem ich die Wahl habe, ob ich die Wahrheit sage – auch wenn es mich selbst nicht gut dastehen lässt – oder ob ich es mir bequem mache und mich der Mehrheit anschließe und schweige. Oder aber in dem Moment, in dem ich mich dazu entscheide, zu vergeben, anstatt nachtragend zu sein.

Meine Berufung, in enger Beziehung mit Jesus zu leben, durchdringt alles. In all den kleinen Situationen meines Alltags darf ich aus Gottes Liebe heraus frei und in seinem Sinne handeln und mich

---

7 Tomothy & Kathy Keller: Ehe. Gottes Idee für das größte Versprechen des Lebens. 6. Auflage. Brunnen Verlag. Gießen 2019.

auch Schwierigkeiten stellen. Denn ich weiß, sie werden mich nicht übermannen, weil Gott an meiner Seite ist.

Wir können noch so viel für Gott machen und tun, aber unsere eigentliche Berufung ist es, bei ihm zu sein, und genau das wird uns früher oder später in unser persönliches „Abenteuer" führen.

Ich wünsche mir, dass wir einfach akzeptieren können, dass es einen liebenden Gott gibt, der uns einlädt, mit ihm in Beziehung zu leben.

Ich wünsche mir, dass wir anfangen, wirklich zu glauben, dass wir geliebt und angenommen sind.

Und ich wünsche mir, dass genau DU begreifst, dass Gott genau DICH wunderbar geschaffen und alles in dich hineingelegt hat, um deine besondere Aufgabe erfüllen zu können – sei es als Mutter, Ehefrau, Arbeitnehmerin, Freundin, Schwester, Großmutter oder Nachbarin. (Das gilt natürlich auch für die Männer!)

Und vergiss dabei nie: „Gott beruft nicht immer die Fähigsten, aber er befähigt die Berufenen." – Peter Hahne

Jesus befähigt jeden, der „all-in" gehen will. Gute Reden halten können auch Nichtchristen. Sehr gute sogar. Doch wenn du im Auftrag von Jesus redest, wirst du darüber stauen, was möglich ist! Ich habe von Menschen gehört, die ihr Leben lang gestottert haben und die Jesus trotzdem dazu befähigte, vor einer großen Menge zu sprechen. Die in unseren Augen schüchternsten und vielleicht auch ungebildetsten Menschen kann Gott zu Großem befähigen. Es geht nämlich gar nicht darum, dass DU alles kannst und DANN kann Gott dich gebrauchen. Nein, es geht einzig und allein um deine Bereitschaft. Es geht um deine Entscheidung für oder gegen seine Berufung.

Ein guter Mensch sein – auch das kann jeder. Das geht auch ohne Gott. Aber ein Mensch zu sein, der in anderen neues Leben erweckt, der Menschen zutiefst von innen aufbaut, der ein Risiko eingeht, weil er weiß, dass sein Gott groß ist – das ist nur durch Gott möglich.

Gott beruft dich dazu, bei ihm zu sein, WEIL er dich liebt und nicht, weil du etwas besonders gut kannst! Er hat dich dazu ausgerüstet, all die Aufgaben zu bewältigen, die Tag für Tag anstehen. Und selbst wenn du in den Augen aller anderen doch einmal in etwas versagen solltest, so stehst du mit Jesus dennoch auf der Siegerseite des Lebens.

KAPITEL 6:

DEINE KONKRETE BERUFUNG –
SO EINZIGARTIG WIE DU SELBST!

Dieses „Alltagstreusein" beinhaltet einfach so, so viel. Es meint nicht einfach nur die Übernahme einer bestimmten Aufgabe oder die Annahme des eigenen Alltags – vielmehr ist es die Übergabe des eigenen Lebens in all seinen kleinen Facetten an den einen, der das Leben erschaffen hat und der das Leben IST (vgl. Johannes 14,6). Und das hatte größere Folgen, als ich es mir im ersten Moment hatte ausmalen können.

Da stand ich nun, im Sommer 2019. Ich hatte mit allem aufgehört, mein Studium endgültig pausiert und meine Gemeindearbeit eingestellt – hier und da noch mal eine Moderation zu übernehmen, war das Höchste der Gefühle.

Nun war ich einfach zu Hause – und Mama von zwei kleinen Jungs.

Einfach Mama. Die ersten Wochen fiel mir das sehr schwer. Einfach Mama zu sein – das konnte doch nicht reichen! Tatsächlich waren mein Mann und ich jedoch mit genau so einem Mutterbild groß geworden. Unsere Mamas waren beide zu Hause gewesen. Und für uns da. Wenn wir aus dem Kindergarten oder aus der Schule kamen – Mama war immer da.

Doch heute tickt die Welt anders. Schon verrückt, dass sich das innerhalb weniger Jahre so krass verändern konnte! Ich bin eine der wenigen (zumindest fühlt es sich für mich so an), die noch drei Jahre zu Hause bleiben und nicht schon so früh wie möglich wieder arbeiten gehen wollen.

In der Gemeinde habe ich ein paar tolle Frauen kennengelernt, die mir in diesem Punkt echt ein Vorbild werden konnten, und an deren Kindern sah und sehe ich, wie wertvoll es war, dass sie sich diese Zeit für sie genommen haben.

Langsam ließ ich mich immer mehr auf diesen Gedanken ein: Jesus hatte etwas vor mit mir. Und zwar zu Hause. Nicht, weil er mir keine Karriere gönnte oder ich keinen Erfolg haben durfte, sondern weil er mir zunächst etwas Wunderbares offenbaren wollte – an einem Ort, von dem ich dachte, dass ich dort nie meinen Platz voll würde einnehmen können.

Berufen in meine Familie – auch das ist eine Berufung!

Vielleicht denkst du dir jetzt: Schön und gut, aber ich bin gar keine Mama. Was könnte denn dann meine Berufung sein? Um noch andere Beispiele geben zu können, habe ich deshalb einige Menschen aus ganz unterschiedlichen Lebensphasen gefragt, ob sie uns sagen können, was in dieser Season ihre Berufung ist.

Tamara: Berufen in die Hauptstadt

Was ist meine Season? Mein Single-Sein? Mein Job als Sozialarbeiterin oder mein Ehrenamt in unserer Kirchengemeinde? Die Beziehungen zu meinen Mitmenschen? Es gibt so viel, was mein Leben ausmacht und prägt, aber je länger ich darüber nachdenke, desto mehr merke ich, dass nichts davon etwas ist, was die Basis meines Alltags ausmacht oder von dem ich sagen würde: „Genau das ist jetzt dran." Aber es gibt tatsächlich etwas, bei dem ich diese Formulierung voller Überzeugung nutze. Und das ist die Stadt Berlin.

Vor drei Jahren bin ich aus dem Oberbergischen in die Hauptstadt gezogen. Vom kleinsten Dörfchen in die größte Stadt Deutschlands. Dieser Umzug war das größte Abenteuer meines Lebens, denn ich hatte so gar keine Ahnung, was ich da eigentlich sollte. Gespräche über meinen nächsten Schritt sahen damals ungefähr so aus: „Ich gehe nach Berlin." – „Ach, cool, hast du da einen neuen Job?" – „Nee, ich habe noch keinen." – „Ah, dann findest du die Stadt einfach toll?" – „Nee, eigentlich mag ich Berlin gar nicht." – „O. k, ... dann wegen der Menschen? Wen kennst du denn dort?" – „Hm ... nicht so viele eigentlich." – „Ähm ... o. k., und warum genau willst du jetzt dahin?" – „WOLLEN ist eigentlich das falsche Wort. Ich gehe, weil ich gebetet habe, was als Nächstes dran ist, und das ist dabei herausgekommen. Jetzt gehe ich eben nach Berlin und finde mal heraus, ob das wirklich Gottes Stimme war, die zu mir gesprochen hat. Aber keine Ahnung, was ich dort machen und wozu genau ich dorthin soll. Diese Stadt stresst mich eigentlich nur."

Inzwischen bin ich schon seit drei Jahren hier und sage immer noch: „Ich weiß nicht, wie lange noch, aber im Moment ist Berlin einfach für mich dran."

Es war nicht alles einfach. Vieles hat mich an den Rand meiner Kräfte gebracht. Immer wieder musste ich raus in die Natur fliehen. So viele Tränen habe ich vergossen, weil alles zu viel war: die Stadt zu groß, meine Wohnung zu leer, meine Freunde zu weit weg – aber dennoch war Gottes Fürsorge größer!

Seit drei Jahren darf ich immer und immer wieder erleben, wie treu Gott ist, wie liebevoll er Dinge für mich vorbereitet hat und wie sehr er mein Herz verändert. Im letzten Jahr habe ich mir zu Weihnachten ein Buch über Berlin gewünscht: 900 Seiten, die die Geschichte und das Herz dieser Stadt beschreiben – und ich kann es kaum erwarten, immer mehr davon zu lesen. Doch auch wenn ich diese 900 Seiten einmal alle gelesen haben werde, weiß ich hinterher vielleicht weniger als vorher. Es fühlt sich so an wie in einer Beziehung: Je mehr man jemanden kennenlernt, desto mehr festigt sich die Ahnung in einem, dass das, was man schon kennengelernt hat, kaum mehr als ein Bruchteil dessen sein kann, was noch in diesem Menschen verborgen liegt. Dasselbe macht diese Stadt mit meiner Beziehung zu Gott. Er wird immer größer, und ich werde immer kleiner und begreife mehr und mehr, dass ich ihn nie ganz begreifen werde. Und ebenso ist es bei mir selbst: Ich wage kaum noch, eine Aussage über mich zu machen (geschweige denn über eine andere Person), weil es einfach zu viele Situationen gibt, in denen ich noch nicht war und in denen ich mich folglich noch nicht kennengelernt habe.

Aber diese Season, in der ich gerade bin, ist nicht nur das, was gerade mit mir passiert – indem ich mich immer wieder auf diese Stadt, ihre Menschen, auf mich selbst und Gott einlasse und offenbleibe, erlebe ich, wie Gott mich Schritt für Schritt weiterführt. So beinhaltet diese Season neben meiner inneren Veränderung eben auch konkrete Dinge, zu denen Gott mich hier berufen hat. Ich erlebe, wie Gott mir im Job und in der Gemeinde Türen öffnet, Verantwortung gibt und zu mir sagt: „Komm, Tamara! Ja, ich bin groß, und ich bräuchte dich nicht, aber ich WILL durch dich Menschen begegnen und prägen!" Und ich erfahre immer wieder, dass gerade in meinem Mangel, in der Einsamkeit, die die Großstadt manchmal mit sich bringt, Gott mir begegnet – in vertrauter Zweisamkeit mit ihm oder auch in neuen oder schon so sehr vertieften Freundschaften.

Ich weiß nicht, wo es nach Berlin noch hingeht, und ich weiß nicht, wie lange ich noch hier bin. Aber ich weiß, dass ich liebe, was diese Stadt – und Gott durch sie – in mir macht, und ich wünsche mir, ganz da zu sein, in dem Wissen, dass ER dieses Da-Sein füllt und führt.

Fritze: Berufen, Angestellter und Ehemann zu sein

Meine Season ist mir im Moment relativ klar, und wenn ich so drüber nachdenke, war sie das eigentlich auch jederzeit. Das bedeutet natürlich nicht, dass ich nicht auch immer mal wieder „struggle", meine Season auch so anzunehmen und in ihr zu leben. Aber grundsätzlich fiel es mir schon immer leichter als manchen anderen, die eigene Situation anzunehmen und sie als gottgegebene Chance zu sehen – zumindest ab dem Zeitpunkt, als ich anfing, mein Leben mit Jesus zu leben.

Es fing zum Beispiel gleich damit an, dass ich mich, kurz nachdem ich Jesus als lebendigen Gott kennengelernt hatte, einer Stammzellentransplantation unterziehen sollte. In dieser Zeit hatte ich nicht einmal den Gedanken, warum ausgerechnet mich diese Krankheit getroffen hatte und warum Gott dieses Leid in meinem Leben zuließ. Ich glaube, das ganze Thema war in meinem Umfeld für kaum einen Menschen so unwichtig wie für mich selbst. Ich wusste, die Krankheit gehörte zu meinem Leben dazu, und ich war die meisten Tage einfach nur dankbar dafür, so viele gute Dinge hier in Deutschland in Anspruch nehmen zu dürfen.

Nach der erfolgreichen Stammzellentransplantation machte ich meine Ausbildung als Kfz-Mechatroniker zu Ende, und es war bereits klar, dass ich – nachdem ich ein Jahr als Geselle Berufserfahrung gesammelt hatte – die Technikerschule in der Nachbarstadt besuchen würde.

In diesen zwei Jahren, in denen ich die Technikerschule besuchte, legte ich meine Prioritäten sehr auf die Gemeindearbeit und mein persönliches geistliches Wachstum. Zudem heirateten Ronja und ich am Ende der Schulzeit, und dennoch erhielt ich kurz darauf einen sehr guten Technikerabschluss und den Kfz-Meister gleich mit.

Noch bevor ich das alles beendet hatte und sich meine Klassenkameraden bereits um einen festen Job bemühten, hatte ich die klare

Anweisung von Gott bekommen, nach unserer Hochzeit nach Oldenburg zu ziehen, um dort eine gemeinnützige Autowerkstatt mit aufzubauen. Es hatte sich so ergeben, dass jemand jemanden kannte, der noch einen Mitstreiter für dieses Projekt suchte, und irgendwie konnte ich mich sofort mit diesem Gedanken anfreunden und wusste, dass dort mein Platz sein sollte.

Somit war es die darauffolgenden anderthalb Jahre meine Berufung, viel Zeit und Engagement in dieses Projekt zu stecken. Ein weiterer Schwerpunkt war in dieser Season natürlich, meine frischvermählte Gattin glücklich zu machen. Mir fiel es in dieser Zeit nicht schwer, nichts in der Gemeinde zu tun und mir dort keine weiteren Verantwortungen auferlegen zu lassen.

Es reichte damals für mich aus, einfach Ehemann und Angestellter zu sein.

Im Anschluss an diese Season kam wieder eine andere. Die Zeit in der Autowerkstatt nahm ein recht abruptes Ende, und meine Frau und ich zogen wieder nach Arpke zurück, wo ich bei meinem Ausbildungsbetrieb wieder anfing, „normal" zu arbeiten. Das bedeutete, ich hatte wieder mehr Zeit und Kapazitäten für andere Dinge, und so startete ich mit ein paar anderen jungen Männern in unserer Gemeinde einen Gebetstreff, aus dem Stück für Stück eine Gebetshausinitiative entstand.

Aber auch in dieser Zeit merkte ich, dass es nicht dran war, noch mehr zu machen. Ich hätte zwar noch irgendwo anders mitarbeiten können, aber mehr war zu diesem Zeitpunkt einfach nicht drin. Ich wollte schließlich nicht irgendwann sagen müssen: „Meine Kinder sind so schnell groß geworden – ich hätte viel mehr Zeit mit ihnen verbringen sollen!"

Und heute? Heute habe ich selbst das regelmäßige Beten im Gebetsraum aufgeben müssen. Denn als ich Anfang letzten Jahres die Werkstatt *zusammen mit meinem sehr gut befreundeten Cousin übernahm, änderte sich meine Season erneut. Ich spürte, dass neben dieser neuen Verantwortung nichts außer meiner Familie bestehen bleiben sollte.*

Ich versuchte zwar noch eine Zeit lang, meine Gebetsschichten so zu legen, dass es irgendwie noch klappen könnte, doch es wurde einfach zu viel. Und somit war ich wieder „nur" ein Familienvater, der arbeiten ging.

Ich bin gespannt, was die nächste Season sein wird, denn ich bin überzeugt davon, dass die jetzige nicht die letzte sein wird. Ich habe große Lust, mehr Menschen von Jesus zu erzählen und anderen zu berichten, wie er Leben verändern kann. Und ich habe eine große Leidenschaft dafür, Gemeinde zu bauen – auf was für eine Art und Weise auch immer.

Wie das dann konkret aussehen wird, ob überhaupt und wenn ja, wann es dazu kommen wird, weiß ich jedoch noch nicht. Aber ich weiß, dass Gott einen Plan hat, und ich werde versuchen, alles dafür zu tun, die Situation, in die Gott mich jetzt hineingestellt hat, so gut wie nur möglich zu meistern – solange Gemeindebau eben noch nicht dran ist.

Philipp: Berufen – oder zumindest auf dem Weg dorthin?

Wozu bin ich berufen? Wofür brenne ich? Was ist meine persönliche Season? Das ist eine Frage, die nicht leicht zu beantworten ist. Immerhin befinde ich mich in meinem Zweitstudium zum Sozialarbeiter und Diakon in Kassel. Allein der Begriff „Zweitstudium" besagt, dass ich scheinbar nicht genau weiß – oder wusste –, wohin ich will, und meine Season nicht wirklich kenne. Aber diese Unsicherheit darf ich beruhigt in Gottes Hände legen.

Als ich im Arbeitsumfeld meines vorherigen Studiums gearbeitet hatte (von dem ich ausging, dass es mich total erfüllen würde), begann

124

sich gleichzeitig ein Widerstand in mir zu bilden. Eine meiner großen Leidenschaften sind das Meer und die Seeleute. Daher hatte ich ein maritimes Studium absolviert und klare Vorstellungen von meiner Zukunft. Beim Arbeiten in einer Reederei merkte ich jedoch, dass etwas fehlte. Es war nicht komplett falsch, aber irgendwie stand ich noch nicht „auf der richtigen Seite" beziehungsweise am richtigen Ufer.

Zu diesem Zeitpunkt durfte ich Gottes Nähe und Führung erleben. Unter anderen Umständen als geplant landete ich mit meiner Frau schließlich in Genua und durfte dadurch in der „Deutschen Seemannsmission" ein Praktikum absolvieren. Dort merkte ich, dass ich angekommen war. Die Arbeit mit den Seeleuten bereitete mir unglaublich viel Freude, sodass ich mich für ein Studium der „Sozialen Arbeit & Religionspädagogik" entschied, um mich optimal für diesen Bereich zu qualifizieren. Voller Vorfreude begann ich das Studium in Kassel und hoffte, auch in meinem geistlichen Leben zu wachsen. Gemeinsam mit meiner Frau besuchte ich die Informationstage der Hochschule, und obwohl Kassel alles andere als unser Favorit war, entschieden wir uns unmittelbar nach diesen Informationstagen für die Stadt.

Mittlerweile stehe ich in der Mitte meines Studiums und die anfängliche Freude daran ist verschwunden. Es ist Alltag geworden, und ich bin noch lange nicht am Ende des Weges. Hinzu kommt, dass ich mich in der Stadt Kassel einfach nicht wohlfühle. Eventuell aber auch deshalb nicht, weil ich der Stadt bisher keine ehrliche Chance gegeben habe. Des Weiteren ermüdet es mich jedes Mal, wenn ich meine Freunde aus meinem vorherigen Studium wiedersehe. Sie arbeiten längst und erzählen mir dann Geschichten, die ich auch schon hätte erleben können. Aber ich habe mich für ein Zweitstudium entschieden und nun noch ein paar Jahre vor mir... Mein Plan ist, das kommende Praxissemester in einer Station der „Deutschen Seemannsmission" zu absolvieren, um mich für die letzten anderthalb Jahre meines Studiums zu motivieren – damit ich wieder weiß, warum ich dieses Studium hier angefangen habe. Bin ich also nur „auf Zeit getrennt" von meiner Berufung?

Ich weiß es nicht, aber meine Frau und ich dürfen die Führung Gottes erleben. Meine Frau hat nach vielen Schwierigkeiten eine wunderbare Arbeit gefunden, die ihr sehr viel Freude bereitet und in der sie sich ausprobieren darf. Außerdem haben wir nach langem Suchen und vielen Besichtigungen eine fantastische Wohnung gefunden, die nur für uns zwei eigentlich zu groß ist. Das bietet uns die Möglichkeit, in eine andere Leidenschaft zu investieren: Wir haben beide sehr gerne Gäste und laden, soweit es möglich ist, gerne viele Menschen zu uns ein. So kommt es, dass mehrmals wöchentlich Freunde zu uns eingeladen werden (wenn nicht gerade eine Pandemie herrscht!). Das reicht von gemütlichen Treffen mit einzelnen Personen bis zu Grillpartys mit zehn Leuten. Unsere neue Wohnung bietet sich perfekt dafür an! So dürfen wir Beziehung neu erleben und genießen. Mir persönlich bringt diese Form der Beziehungspflege wesentlich mehr, als es über soziale Medien möglich wäre. In diesen Beziehungen darf ich eine Menge lernen – sowohl über mich selbst als auch über mein Gegenüber.

Mit unseren Gästen sprechen wir auch oft über das Thema Berufung, und wir stellen fest, dass viele ihre Berufung (noch) nicht kennen. Ich glaube, manchmal machen wir uns selbst so großen Druck, unsere Berufung finden zu müssen, dass wir Gott die Chance nehmen, sie uns zu zeigen. Meine Frau und ich dürfen mit unseren Gästen eine sehr gute Zeit erleben und können durch diesen persönlichen Kontakt Menschen positiv prägen, obwohl Gott uns dafür definitiv nicht nötig hätte, aber er gebraucht uns gerne, wenn wir ihm die Chance dazu geben.

In manchen Momenten weiß ich trotzdem nicht, warum wir genau hier in Kassel sind und warum mich so vieles frustriert, aber ich weiß, dass ich das Meer und die Arbeit mit Seeleuten liebe. Ich weiß nicht genau, ob ich letztendlich zu dieser Arbeit berufen bin, aber ich bin mir sicher, dass Gott selbst diese Leidenschaft in mich hineingelegt hat und mir hier durch die Fortbildungen viele Möglichkeiten anbietet, mich weiter in diese Richtung zu qualifizieren.

Ich glaube, meine Season ist gerade, dass ich lerne, warte und mich für mein späteres Berufsfeld vorbereite. Ich lebe meine Leidenschaft also noch nicht direkt aus, aber bin eventuell auf dem Weg zu ihr! Letztendlich weiß ich eine Menge Sachen nicht, aber wie es auch ausgehen wird, ich darf auf meinen Gott vertrauen, dass er einen konkreten Plan für mich hat.

MEINE KONKRETE BERUFUNG IN EINE FAMILIE

Und ich? Ich war berufen in meine Familie. Ja, das IST eine Berufung. Und, wie ich finde, eine wunderschöne, herausfordernde und wichtige Berufung. Wir Mamas sollten aufhören zu glauben, dass einfach „nur" Mama sein zu wenig sei. Genauso sollten die Studierenden aufhören zu denken, dass sie „nur" studieren und darin noch keine Berufung liegen kann, und die Ehemänner, die den größten Teil ihres Alltags auf der Arbeit verbringen, dürfen dies ebenso als aktuelle Berufung wahrnehmen.

Ich bewundere immer wieder die Menschen, die es schaffen, alles mal stehen und liegen zu lassen und sich einfach Zeit für ihre Kinder zu nehmen. Ich bewundere die Menschen, die gerne zur Arbeit gehen und dort einen wahren Unterschied machen. Ich bewundere meine Freundin Tamara, die eine fremde Stadt lieben gelernt hat. Ich bewundere unser Pastorenehepaar, das all die Jahre in dieselbe Gemeinde investiert hat, nie weggelaufen ist und eine unglaubliche starke Ehe führt. Und ich bewundere Menschen, die bereits den Großteil ihres Lebens hier auf dieser Erde hinter sich haben, vielleicht sogar alleinstehend und doch ganz nah am Herrn dran sind und die so viele jüngere Menschen, wie auch mich, ganz besonders prägen.

Mein Traum war es immer, eines Tages Gemeinde zu bauen. Als meine beiden Jungs auf der Welt waren und ich mich wieder einmal mit dem Thema Berufung auseinandersetzte, sagte meine Mentorin einmal zu mir: „Ronja, jetzt ist es dran, in deine Jungs zu investieren, sonst wird es dir vielleicht nie möglich sein, Gemeinde zu bauen. Denn wenn du später einmal denkst, jetzt hast du die Zeit und Kraft, um eine Gemeinde zu gründen und voranzubringen, dann wirst du an deinen eigenen Kindern sehen, ob du dazu auch fähig bist oder nicht, ob du sie in den letzten Jahren gut geleitet hast oder nicht, ob du ihr Vertrauen geschenkt bekommen hast oder nicht…"

Meine Mentorin brach das Prinzip Gemeinde/Kirche auf eine ganz praktische Ebene herunter: „Kirche ist da, WO DU BIST!" Und ich war gerade zu Hause. Wieso will ich immer in alles investieren, aber nicht in meinen Nächsten? Warum sind mir das Ansehen und die Aufgabe manchmal wichtiger als das, was meine Kinder gerade brauchen und was es für Auswirkungen hat, wenn sie es nicht bekommen? Meine Mentorin hatte recht: Die Familie stand – und steht – nun an erster Stelle. „Investiere in sie, und sie wird mit dir gehen und für dich sein!"

Das erforderte von mir jedoch, endgültig zu kapitulieren und dem Ruf Gottes zu folgen. Und ich staune heute darüber, was Jesus aus dieser Berufung „Zu Hause sein" gemacht hat!

• • •

Mir ist klar, dass es Mütter gibt, die wieder arbeiten müssen, da das Geld sonst nicht ausreicht. Doch ich kenne auch sehr viele Frauen, die früh wieder arbeiten gehen, weil sie ein schlechtes Gewissen dem Arbeitgeber gegenüber haben oder weil es alle um sie herum auch tun und sie nicht faul oder finanziell von ihrem Mann abhängig wirken wollen. Natürlich gibt es auch solche, die einfach sehr gerne arbeiten und deshalb ihren Beruf wieder früh aufgreifen. Das möchte ich nicht verurteilen. Nur Gott weiß, für wen welche Season gerade dran ist. Ich glaube jedoch, dass es nie verkehrt sein kann, in den ersten Jahren besonders in seine Kinder zu investieren.

Für mich war es jedenfalls dran. Mein Alltag sah am Anfang relativ gleich aus. Morgens spielten die Jungs schön, da sie meistens ausgeschlafen waren. Wir gingen fast jeden Morgen los, um uns ein frisches Brötchen zu holen und anschließend die Hühner vom Nachbarn anzugucken. Dann kochte ich schon wieder das Mittagessen, und nach dem Essen machten wir eine Mittagspause. Nachmittags war meistens irgendein Programmpunkt, wie sich mit Freunden treffen, Kinderturnen oder im Garten spielen. Dann kam Papa von der Arbeit nach Hause und hatte Zeit, mit ihnen zu toben. Das war mein Alltag. Dazwischen musste ich meistens noch einmal die Woche mit meinem kranken Sohn in die Klinik zur Blutkontrolle fahren.

Das klingt alles nicht sonderlich spannend, oder?

Ich weiß noch nicht, was mit meinen Jungs in zehn Jahren ist. Doch ich weiß, dass diese Jahre jetzt entscheidend sind FÜR die nächsten zehn Jahre! Ich möchte in diesen ständigen Wiederholungen des Alltags, in diesem ständigen Tischdecken und Saubermachen, meinen Jungs zeigen, dass sie es mir wert sind. Ich möchte Vertrauen zu ihnen aufbauen und ein Fundament legen, das unerschütterlich ist.

Und nicht nur sie lernen durch diese Zeit, sondern auch ich selbst. Denn Jesus veränderte so sehr mein Herz durch sie!

• • •

Eigentlich wollte ich damals nicht zurück nach Arpke. Außerdem wollte ich nicht zu Hause sein und schon gar nicht alle meine Aufgaben abgeben. Aber genau in dieser Ruhe, die dadurch in mein Leben kam, begann ich, der Welt um mich herum zum ersten Mal so richtig zu begegnen, und Arpke wurde immer mehr mein Zuhause.

Ich lernte das Dorf und vor allem die Mamas mit ihren Kindern immer mehr lieben und schätzen. Von Tag zu Tag wurde mir deutlicher, dass ich genau hier gebraucht werde, in meinem Mamasein. Ich durfte Menschen zu mir nach Hause einladen, konnte an allen möglichen Kinderangeboten mit meinen Kindern teilnehmen und dort wiederum Menschen begegnen, die Jesus noch nicht kannten. Es wurde so richtig meine Leidenschaft, einfach hier in Arpke zu sein und die Gelegenheiten zu nutzen, die Gott mir vor die Füße legte.

Sobald ich eine Mama mit Kinderwagen an mir vorbeilaufen sah, sprach ich sie an. Der Edeka war nicht mehr sicher vor mir. Ich lud die Mamas mit ihren Kindern sofort zu der Mutter-Kind-Gruppe unserer Gemeinde ein.

Jesus stattete mich immer mehr aus für die Erziehung meiner Jungs: Durch Routinen hatte ich relativ wenig Stress mit den Kleinen, ich lernte schnell, die Signale von ihnen wahrzunehmen und zu differenzieren, ob es sich um Überforderung, Müdigkeit oder einfach nur Trotz handelte, und Jesus lehrte mich, eine geduldige Mama zu werden. Er befähigte mich, Hausfrau, Ehefrau, Mama und Freundin sein unter einen Hut zu bekommen und jede dieser Rollen tatsächlich zu genießen – so sehr, dass ich eines Tages an den Punkt kam und im Gebet sagte: „Jesus, ich liebe es, zu Hause zu sein! Was kann ich für dein Reich tun? Was kann ich HIER ZU HAUSE für dein Reich tun? Ich habe die Power dazu und ich will. Ja, ich will mich mehr und mehr von dir gebrauchen lassen – genau hier, wo du mich hingeführt hast!"

Einmal gar nichts leisten, radikal einfach nur zu sein, das war so wichtig für mich, um zu verstehen, dass ... JESUS GENUG IST ... und es NICHT um mein TUN geht!

Es hat mich so ruhig gemacht und mir die Möglichkeit gegeben, wirklich lieben zu lernen, was mir geschenkt wurde, und in diesem völlig erfüllten Leben neue Kraft zu tanken.

Und das Faszinierende, Großartige, was mich so begeistert, ist, dass Gott mich aus dieser Ruhe heraus ins weite Land führte. Und das Gleiche will er mit dir tun!

Ich hatte meine Season, meine Berufung, erkannt und dann wurde sie gefüllt mit neuen Verheißungen und Aufgaben. Und ich möchte dir erzählen, wie Jesus mich herausgefordert hat, ihn zu Hause, in der Gemeinde und in der Welt großzumachen. Ich lebte in meiner Season, und durch die radikale Annahme dieser Season öffneten sich neue Türen.

1. SEASON ZU HAUSE – DAS LEBEN TEILEN

Eines Tages betrat Stefan Maag unser Leben. Na ja, was heißt „unser Leben". Er kam in unser Wohnzimmer. Stefan war eingeladen, in unserer Gemeinde von seinem außergewöhnlichen Leben als Jesus-nachfolger zu berichten. Er übernachtete im Haus unseres Pastors, doch dieser hatte an dem Tag noch einige Termine und hatte uns deshalb gefragt, ob wir Stefan und ein paar von den Jugendlichen

unserer Gemeinde nicht zum Kaffeetrinken zu uns einladen wollten. „Ja, klar!", sagte ich. Ich hatte gerne Gäste und freute mich, diesen Raum zu öffnen – auch wenn mir klar war, dass ich nicht so
viel von dem Treffen mitbekommen würde, da ich als Gastgeberin
eigentlich meistens hin und her wirble, um zu sehen, ob es allen gut
geht oder sie noch etwas zu essen oder zu trinken brauchen und,
und, und …

Nach und nach trafen die Jugendlichen bei uns ein, und dann kam
Stefan mit einem Freund im Schlepptau. Wir kamen langsam ins Gespräch, es wurde viel erzählt und noch mehr Fragen wurden gestellt.
Während ich den nächsten Kaffee machte, schnappte ich den Satz
von Stefan auf: „Ja, wir leben als Familie mit anderen Menschen zusammen."

Das schlug in meinem Herzen ein: Leben teilen. Ja, das war etwas,
was ich von zu Hause aus leben konnte. Ich bereitete weiter den
Kaffee vor und bekam sonst kaum noch etwas von den Gesprächen
mit.

Abends saßen Fritze und ich zusammen, und es war verrückt. Wir
beide hatten unabhängig voneinander den Eindruck, dass genau das
für uns dran war: Leben teilen.

Wir liebten es, Gäste zu haben, doch mit ihnen gemeinsam wohnen? Wow, das wäre ein großer Schritt!

Die obere Etage des Hauses, in dem wir wohnten, bestand aus
zwei Teilen. Es gab den vorderen, frisch sanierten Teil, wo wir als
Familie lebten, und einen hinteren Teil, der durch eine Tür von uns
getrennt war, und dort wohnte Tom-Luca.

Er lebte dort mittlerweile allein; vorher war der hintere Teil für
eine längere Zeit eine Jungs-WG gewesen. Da nun klar war, dass
Tom-Luca seine Verlobte Ronja im Mai 2019 heiraten würde, wussten

wir, dass wir bald doppelt so viel Platz haben würden. Denn Ronja und Tom-Luca hatten eine frisch sanierte Wohnung in Arpke im Blick und wollten dort direkt nach ihrer Hochzeit einziehen. Also begannen wir zu überlegen, wer bei uns einziehen könnte.

Im Frühjahr 2019 lernten wir dann Eric Janzen näher kennen. Eric hatte den Wunsch, nach Arpke zu ziehen. Er war in Thailand aufgewachsen – seine Eltern sind dort Missionare –, und nach seinem Abitur war er schließlich zurück nach Deutschland gekommen und hatte inzwischen seine Tischlerausbildung beendet, die er ein paar Orte weiter absolviert hatte.

Wir luden Eric zu uns ein, saßen gemütlich hinten auf der Veranda und sprachen über unsere Idee. Eric war sofort Feuer und Flamme – nicht nur dafür, dass er endlich einen Wohnraum in Arpke haben könnte, sondern vor allem für die Idee, gemeinsames Leben mit uns zu gestalten. „Lasst uns gemeinsam darüber beten", schlug er vor. Das taten wir.

Aber noch vor dem Beten gingen mir tausend Gedanken durch den Kopf: *Ob das meine Schwiegereltern gutheißen würden? Das ist doch eigentlich echt verrückt! Wer macht denn so was?* Doch das Gebet mit Eric und Fritze machte mich ruhig. Jesus hatte den Plan, und wenn es nicht dran wäre, dann käme eben etwas anderes. Das hatte ich die letzten Jahre ja nun verstanden. Und tatsächlich: Wider Erwarten stimmten meine Schwiegereltern zu. Wow. Es stand nun also fest, wir würden ein neues Lebenskonzept anfangen.

Es gab jedoch noch ordentlich Gegenwind und sehr viele andere Meinungen aus unserem Bekanntenkreis, die es ja alle „nur gut mit uns meinten" und uns deshalb davon abrieten, so etwas zu tun. Doch umso mehr Gedanken wir uns darüber machten, umso sicherer wurden wir uns, dass es das Richtige war.

Der Plan war also: Sobald Ronja und Tom-Luca verheiratet sind, zieht Tom-Luca aus, und wir nehmen den hinteren Wohnungsteil mit dazu, und Eric zieht ein.

Doch es kam alles anders.

• • •

Ronjas und Tom-Lucas Wohnung wurde nicht rechtzeitig fertig, und so fragten sie uns, ob sie noch bleiben könnten, bis ihr neues Zuhause einzugsbereit sei. Wir stimmten zu und stellten unser neues Lebenskonzept erst mal hinten an.

Ich wollte so gern in dieses neue Leben starten und war überzeugt, das wünschte sich Jesus von uns, doch wir hatten ja einfach keinen Platz mehr. Wir hatten einfach kein Zimmer mehr frei. Die Vision, Leben mit anderen zu teilen, wurde also erst mal auf unbestimmte Zeit verschoben.

Ein paar Tage später war ich draußen unterwegs und lief durch das Neubaugebiet. Unser Haus steht ein bisschen außerhalb vom Dorf. Feld umgibt uns. Wir haben viel Platz und es ist einfach wunderschön. Nun wurde ein Neubaugebiet auf dem Feld gegenüber erschlossen. Das hieß, wir würden bald viele, viele Nachbarn bekommen. Doch bis jetzt waren nur die Straßen da. Ich ging durch diese neuen Straßen und alles war dunkel. Ich gehe gern abends noch mal raus und mache einen Gebetsspaziergang. Dann bin ich nicht abgelenkt von der nicht ausgeräumten Spülmaschine, den Geräuschen der Waschmaschine, und mir wird auch nicht kalt vom langen stillen Sitzen. Ich liebe es, draußen mit Jesus Zeit zu verbringen. Oft war diese Zeit gefüllt von lauten Gebeten und vielen Worten, aber heute war einer dieser Tage, an denen ich einfach still war. Still vor Gott, um einfach mal zu hören, was ER mir zu sagen hatte.

Und kaum ließ ich mich drauf ein, kam der Gedanke zurück: „Ronja, ich wünsche mir, dass ihr Leben teilt. Fangt an. Wagt den Schritt."

„Jaaaaaaa … ich würde ja, ABER es geht doch nicht. Wir haben keinen Platz."

„Doch, es geht. Fangt an. Wagt den Schritt."

Ich überlegte den ganzen Spaziergang, ob und wie ich darauf reagieren sollte. Was sage ich Fritze? Und mal ganz ehrlich: Es ging wirklich nicht. Wir hatten ein Kinderzimmer und ein großes Schlafzimmer. Okay, unsere Kinder waren drei und eins, und allein schliefen sie sowieso nicht gerne. Sollten wir also das Kinderzimmer aufgeben? Und dann würden die Kinder in unser Zimmer kommen? Das Wohnzimmer war ja eigentlich sowieso immer ihr Spielzimmer … Mir gingen viele Pläne durch den Kopf, doch bei jeder neuen Idee kamen mir mindestens genauso viele Gegenargumente.

Und dann ertappte ich mich: Ich *wollte* es nicht, denn „das macht man einfach nicht". Wir hatten schon so oft Dinge in unserem Leben getan, die in den Augen anderer einfach unvernünftig waren. Und ich spürte förmlich, dass mich in diesem Moment wieder die Menschenfurcht packte. Ich stand wieder einmal in der Gefahr, mich von den Meinungen anderer abhängig zu machen und dadurch im Endeffekt meiner eigenen Berufung nicht nachzugehen. Ja, ich wollte einfach nicht schon wieder diejenige sein, die von anderen schräg angeschaut wird mit den Worten: „Das macht man einfach nicht." Aber gleichzeitig wusste ich, dass ein Leben mit Jesus immer ein Abenteuer ist, und wenn Jesus mir so klar einen Eindruck gegeben und gesagt hatte: „Mach den Schritt und geh!", dann wollte ich gehen.

Sofort machte ich mich auf den Weg nach Hause. Noch währenddessen rief ich meinen Mann an: „Fritze, wir machen es! Eric wird einziehen!" Und er reagierte genauso wie ich ein paar Minuten vorher: „Ja? Wollen wir? Auch wenn wir keinen Platz haben?" „Ja, GENAU deshalb machen wir das! Jesus wird uns versorgen, Jesus hat das alles vorbereitet, und er wird es segnen."

Einige Tage später fingen wir an, das Kinderzimmer für Eric frei zu räumen.

Die Kinderbetten kamen in unser Schlafzimmer, der Umzug stand unmittelbar vor der Tür, und der Gegenwind kam noch einmal mit voller Wucht: Freunde, Leute aus der Gemeinde, die eigene Familie – alle hatten eine Meinung. Alle wollten mitreden und alle machten sich Sorgen: „Die armen Kinder, die kein Kinderzimmer mehr haben." „Die Ehe wird extrem darunter leiden. Ihr werdet keinen Sex mehr haben können." „Die Kinder werden dann nicht mehr wissen, wer ihr Vater ist." „Eine Familie braucht doch Platz" ...

So viel davon beschäftigte mich am Anfang sehr und machte mich auch traurig. Aber nach und nach war ich umso entschlossener, mich auf Jesu Weg einzulassen.

Ich fragte mich immer: *Was habe ich zu verlieren? Was habe ich denn zu verlieren?!?!?! Wenn das nicht funktioniert und wir nicht klarkommen oder unsere Kinder darunter leiden, ist am Ende das Schlimmste, was passieren kann, dass Eric wieder auszieht.* Und das hatten wir vorab auch schon klar miteinander kommuniziert.

Doch es wurde ein Schritt, den wir nie bereuen sollten. Denn aus diesem Risiko, aus diesem „Sich-aufs-Wasser-Wagen", entstand ein wahrer Segen. Ein so großer Segen, wie ich ihn zu diesem Zeitpunkt noch nicht erahnen konnte.

Ich will dich ermutigen, auf Jesu Stimme zu hören und dich nicht von Lügen oder Umständen kleinhalten zu lassen. Auch nicht von den gut gemeinten Ratschlägen, die dein Umfeld dir gibt.

Jemand hat einmal gesagt, ein fahrendes Auto lässt sich besser lenken als ein stehendes. Das ist auch logisch, ein stehendes Auto lässt sich nämlich gar nicht lenken! Wenn ich hingegen fahre, kann es zwar sein, dass ich mal zu weit rechts oder links fahre, aber ich FAHRE. Ich gehe mutige Schritte, ich bleibe in Bewegung für und mit Jesus und vertraue darauf, dass er die Sache lenken wird, davon bin ich überzeugt.

Ich wünsche mir, dass wir aufhören, auf unserem gemütlichen Sessel zu sitzen und uns darüber zu beschweren, dass wir nichts erleben und nicht wissen, wohin wir gehen sollen. Ich wünsche mir, dass wir aufstehen und gehen. Fang heute damit an. Gott wird dich führen und lenken, wenn du es zulässt.

Natürlich tun wir gut daran, Tipps und Ratschläge ernst zu nehmen, gerade von Menschen mit großem Erfahrungsschatz und viel Lebensweisheit. Doch manchmal sind ihre Meinungen und Sichtweisen auch geprägt von den eigenen negativen Erfahrungen, Enttäuschungen und unerfüllten Hoffnungen, und dann spiegeln ihre Ratschläge nicht unbedingt die wilde Entschlossenheit wider, zu der uns die Bibel auffordert oder eben Gott selbst, wenn er konkret in unser Leben hineingesprochen hat.

So oder so sollten wir immer absolut ehrlich mit uns selbst und bereit sein, auch Rückschläge hinzunehmen und uns einzugestehen, dass wir vielleicht doch nicht richtig gehört haben, was Gott von uns wollte. Fritze und ich hatten uns jedenfalls entschieden, zu gehen und zu riskieren, dass die anderen recht behalten würden, anstatt erst gar nichts zu wagen.

„Der einfachste Weg, nicht enttäuscht zu werden, ist, nichts zu riskieren", pflegt mein Mann zu sagen. Aber das ist auch der einfachste Weg, um nichts zu gewinnen ...

Das Gerede über unsere neue Familienzusammenstellung wurde nach und nach immer weniger, und diese neue Wohngemeinschaft wurde ein echter Teil von uns. Ronja und Tom-Luca lebten immer noch nebenan. Uns trennte eine Tür, und vor diese Tür hatten wir einen Schrank gestellt, sodass es wirklich zwei separate Wohnungen waren. Vorne lebten wir fünf und hinten das frischgebackene Ehepaar. Doch nach ungefähr zwei Monaten kam der Schrank weg, sodass man die Möglichkeit hatte, mal kurz rüberzulaufen. Und – was soll ich sagen? Nach einem halben Jahr stand die Tür dauerhaft offen.

Wir wollten zu siebt Leben teilen. Und ich staune heute darüber, dass Ronja und Tom-Luca nach nur einem halben Jahr Ehe ein Ja für gemeinsames Wohnen hatten.

Alles ist möglich. Das sagen die beiden selbst darüber:

Als wir uns für dieses WG-Leben entschieden, wussten wir noch nicht genau, wie das konkret aussehen sollte und was uns erwarten würde. Anfangs nutzten wir die Zwischentür mehr, um uns gegenseitig zu „besuchen". Aber das reichte uns bald nicht mehr. Irgendwann blieb die Tür einfach offen. Es war ein Weg, den wir gemeinsam gegangen sind. Es war einfach schön, das Leben so intensiv zu teilen. Wir wollten immer mehr. So ist eine ganz neue Beziehungsebene entstanden. Wir lernten, in allen (wirklich allen!) Situationen des Alltags einander zu lieben und zu dienen. Das ist etwas, was über andere „normale" Freundschaften weit hinausgeht.

Wir wussten dennoch immer: Das ist Eures und das ist Unseres. Ja, wir haben „gegeben" und auf eine gewisse Privatsphäre verzichtet. Aber

noch viel mehr durften wir „nehmen". Und wenn beide Seiten den Ein-
druck haben, mehr genommen zu haben als geben zu können, dann sind
wir doch alle unglaublich beschenkt! Und genau das haben wir erlebt!

Wenn ich an diese Zeit denke, kommen mir Worte von König David
aus Psalm 133,1–3 in den Sinn:

> *„Wie schön und angenehm ist es, wenn Brüder in Frieden*
> *zusammenleben! Das ist so wohltuend wie das duftende*
> *Öl, mit dem der Priester Aaron gesalbt wurde und das*
> *vom Kopf herunterrann in seinen Bart, bis hin zum*
> *Halssaum seines Gewandes. Es ist so wohltuend wie*
> *frischer Tau, der vom Berg Hermon auf die Berge Zions*
> *niederfällt. Ja, dort schenkt der HERR seinen Segen und*
> *Leben, das niemals aufhört!"*

Und das ist wirklich genau das, was wir erlebten. Wir brauchten natürlich einige Zeit, um uns aufeinander einzustellen, und es gab auch
immer mal wieder Konflikte, doch ich kann nicht in Worte fassen,
wie besonders, erbauend und wunderschön dieses Lebenteilen war!

Wir wuchsen zusammen, wir forderten uns heraus, wir wurden
eine echte Familie.

Die lustigsten Abende meines Lebens verbrachte ich in dieser Gemeinschaft.

Vor allem die Beziehung zu meiner Namensvetterin Ronja ist für
mich ein echtes Wunder, denn es gab eine Zeit in unserem Leben, in
der vor allem Verletzung und richtige Feindschaft zwischen uns war.
Heute zählt sie zu meinen engsten Freundinnen! Nein, sie wurde
in dieser Zeit nicht nur eine meiner besten Freundinnen, sie wurde

meine Schwester und der Mensch, der mich wirklich in allen Lebenslagen kannte. Der Mensch, der mich ohne Worte verstand. Wir bekamen eine Bindung, eine Beziehung, die ich bis heute nicht fassen oder beschreiben kann. Wir waren wahrlich eine Familie geworden.

Die Männer fingen an, gemeinsam zu beten, wir Frauen fingen an, gemeinsam zu joggen, und unsere Kinder bekamen die größte Portion Segen ab: Sie lernten in unserem Beisammensein, dass es nicht nur um uns geht. Sie lernten von klein auf, dass Kirche/Gemeinde nicht an ein Gebäude gebunden ist, sondern hier, bei uns zu Hause, beginnen kann. Und ganz nebenbei hatten sie neben ihren Eltern noch andere Menschen um sich, die sie liebten und bei denen sie sich wirklich zu Hause fühlen konnten.

Wir feierten. Wir litten gemeinsam. Wir teilten unser Leben. Das ist meine Familie.

Ich war von Jesus nach Hause berufen worden. Und nachdem ich das angenommen hatte, beschenkte er mich mit so viel Gutem.

2. SEASON IN DER GEMEINDE – GEBET

Ich hatte mittlerweile eigentlich wirklich akzeptiert, nicht mehr in der Gemeinde mitarbeiten zu können. Auf mich wäre kein Verlass gewesen; zu oft hätte ich Ersatz suchen müssen. Ich suchte deshalb auch gar nicht mehr nach einer Aufgabe, die ich in meiner Season hätte gut bewältigen können. Doch Gott legte mir in dieser intensiven Zeit das Gebet ganz neu aufs Herz.

Vielleicht rollst du jetzt mit deinen Augen. Das habe ich auch immer gemacht: Ja, ja ... ein Gebetsteam musste immer überall dabei sein, und ohne Gebet geht nichts. Doch ich selbst empfand es als nicht besonders schlimm, wenn sich doch keiner gemeldet hatte, der während einer Veranstaltung oder nach dem Gottesdienst die

Aufgabe des Betens übernehmen wollte. Diese Beter waren eben meistens einfach dabei, aber ich selbst nahm das Gebetsteam nie in Anspruch und sah auch keine Notwendigkeit darin. Gebet gehörte zwar irgendwie dazu, war mir selbst aber nicht weiter wichtig – bis ich anfing, selbst mehr zu beten.

Durch meine sich immer wiederholenden herausfordernden Situationen mit meinen beiden Jungs, durch die Krankheit meines Ältesten und meine eigenen inneren Kämpfe, nicht genug zu sein, fing ich an, mehr Zeit im Gebet zu verbringen. Ich war immer schon interessiert und hungrig nach dem übernatürlichen Wirken Gottes, und ich wusste auch von Berichten und den Erfahrungen meines eigenen Mannes, wie real dieser Gott ist, der, wenn wir ihm unser Natürliches ganz hingeben, sein Übernatürliches dazugeben wird, aber selbst hatte ich noch nicht so wahnsinnig viel davon erlebt.

Mittlerweile weiß ich jedoch, auch beim Thema Gebet zählt wieder viel mehr deine Bereitschaft als dein Können oder deine Erfahrungen. Sei in dem treu, wo Jesus dich hineingestellt hat. Lebe im Hier und Heute, mach deine Aufgaben mit frohem Herzen. Gib du dein Bestes, und Gott wird es segnen und gebrauchen. Wenn du bereit bist zu beten – für diese eine Person oder diese eine Sache –, dann ist das erst mal etwas ganz Natürliches, das wir tun können, und Gott ist der, der dadurch übernatürlich wirken wird. Und er wirkt auf eine Art und Weise, mit der wir vielleicht nie rechnen würden. So zog er auch mich auf eine Art und Weise ins Gebet, wie ich es mir nie hätte vorstellen können.

Ich lernte Frauen aus unserer Gemeinde kennen, die ganz anders im Gebet unterwegs waren als ich selbst. Irgendwie tiefer und weiser. Wenn ich Zeit mit ihnen verbrachte, machte es mich sehr demütig, und ich wusste, das war noch unbetretenes Land für mich.

„Lehre uns beten", sagten die Jünger zu Jesus in Lukas 11,1 (LU). Ich hätte ihn vermutlich so etwas gefragt wie: „Zeig mir, wie ich den Sturm stillen kann, oder zeig mir, wie man Menschen heilt." Doch die Jünger sagten: „Lehre uns beten!" Und dies wurde auch zu meinem persönlichen Wunsch.

Und auf einmal war ich diejenige, die mit in diesem Gebetsteam stand – in dem Team, das für mich immer überflüssig und wie Zeitverschwendung wirkte. Und ich liebte es. Gebet wurde meine „Überlebensstrategie".

Heute darf ich mit einem wundervollen Team die Gebetshausinitiative in unserer Gemeinde leiten. Wir haben den Wunsch, dass wir eine Gemeinde werden, in der das Gebet alles trägt.

„Gebet ist nicht alles, aber ohne Gebet ist alles nichts", sagte Dr. Johannes Hartl – und ich kann es nur voll und ganz unterschreiben.

Durch das Gebet habe ich immer mehr meine Berufung für das Hier und Heute erfahren – und sie vor allem immer wieder bestätigt bekommen. Die Zeiten im Gebet ließen mich immer wieder meinen Fokus auf Jesus richten, und ich ging jedes Mal mit der Gewissheit aus dem Gebetsraum, dass ich in meiner richtigen Berufung lebte.

Ich glaube, Gebet ist ein Teil unser aller Berufung. Denn das Gebet bedeutet nichts anderes als Kommunikation mit Gott. Es bedeutet Nähe Gottes erfahren, es bedeutet enge Gemeinschaft mit Gott. Und wozu waren und sind wir ALLE berufen? Genau: zur Gemeinschaft mit Jesus. Meine Gebetszeiten wurden die besten Zeiten in der Woche, und eine Zeit lang war ich jeden Tag im Gebetsraum – mit meinem Kleinkind, später dann abends allein.

3. SEASON IN DER WELT – UNTERWEGS IN DEN SOZIALEN MEDIEN

Ich verzichtete, wie ich bereits erzählt habe, eine Zeit lang komplett auf Instagram, um mehr in meiner Season anzukommen. Im Frühjahr 2020 war nach einem Jahr intensiver Beschäftigung mit der Bibel der Tag gekommen, an dem ich tatsächlich die letzte Seite der Bibel gelesen hatte. Das Bibellesen hatte mich verändert. Ich hatte so viele Antworten auf meine Fragen bekommen. Die Bibel einmal von vorne bis hinten durchzulesen, war jedoch an manchen Tagen wirklich herausfordernd gewesen, und doch hatten die Texte so oft genau in mein Leben gesprochen! Die Bibel legt sich selbst aus. Das habe ich selbst beim Lesen gemerkt.

Es ergibt so unglaublich viel Sinn und ist so faszinierend zu erkennen, wie alles zusammenhängt und wie oft sich Dinge einige Seiten später wiederholen oder erfüllen. Nun hatte ich die Bibel also durchgelesen, anstatt in den sozialen Medien unterwegs zu sein – und ich hatte tatsächlich nichts verpasst in meinem Leben. Dass ich Instagram insgesamt anderthalb Jahre lang gefastet hatte, verschlechterte meine Lebensqualität nicht – ganz im Gegenteil: Ich hatte das Gefühl, wirklich lebendig zu sein.

Ich merkte immer wieder und immer mehr, wie Gott mein Denken, mein Herz und mein ganzes Leben veränderte und heilte. Und ich begann, nach Wegen zu suchen, um andere daran teilhaben zu lassen, was Gott im Leben eines Menschen tun kann. Doch ich war nach wie vor einfach eine Mama zu Hause, und für mich war klar, dass ich nicht irgendwo einsteigen und viel Verantwortung übernehmen wollte, weil ich wusste, dass es noch nicht wieder an der Zeit war. Also fragte ich wieder einmal Jesus, und er legte mir zuerst den Blog aufs Herz: Ich sollte die Dinge aufschreiben, die mich bewegen, und darüber mit Menschen online in Kontakt kommen.

Nach einem halben Jahr mit meinem Blog stieg ich schließlich wieder bei Instagram ein, doch dieses Mal war ich wesentlich vorsichtiger. *Ich fragte mich: Was will ich hier eigentlich?* Ich setzte mir von Anfang an Grenzen, denn ich wusste, dass diese Plattform mich vor anderthalb Jahren zu einer Person gemacht hatte, die ich nicht sein wollte. Nun war ich zurück. Aber dieses Mal mit einer klaren Botschaft und einer neuen Herzenseinstellung: Ich wollte diese Plattform nutzen, um Menschen zu ermutigen. Und das Schöne war, mein Blog und mein Instagram-Profil waren beides Dinge, die ich so gut aus meiner Season heraus machen konnte. Beides ging wunderbar von zu Hause – was nicht bedeutete, dass ich nicht trotzdem immer wieder überprüfen musste, ob es noch dran war. Außerdem merkte ich, dass ich immer mal eine Pause brauchte und ein kurzer Online-Ausstieg eine wahre Oase sein konnte.

Doch ich merkte vor allem, dass Jesus meine Season veränderte: Er führte mich erst in die tiefe Ruhe hinein und zu der Erkenntnis, dass er selbst genug ist, um dann gemeinsam mit mir aufs Wasser zu gehen. Ich glaube, das ist ein göttliches Prinzip, dass er nicht nur in meinem Leben anwendet …

Und weißt du, was das Schöne ist? Jesus sieht immer weiter …

Er weiß, was du tragen kannst. Und ich bin davon überzeugt, wenn wir bereit sind, auf ihn zu hören, dann wird er uns zur richtigen Zeit an den richtigen Ort führen, und wir werden Großes erleben.

KAPITEL 7:

KENNE DEINE BERUFUNGSKILLER!

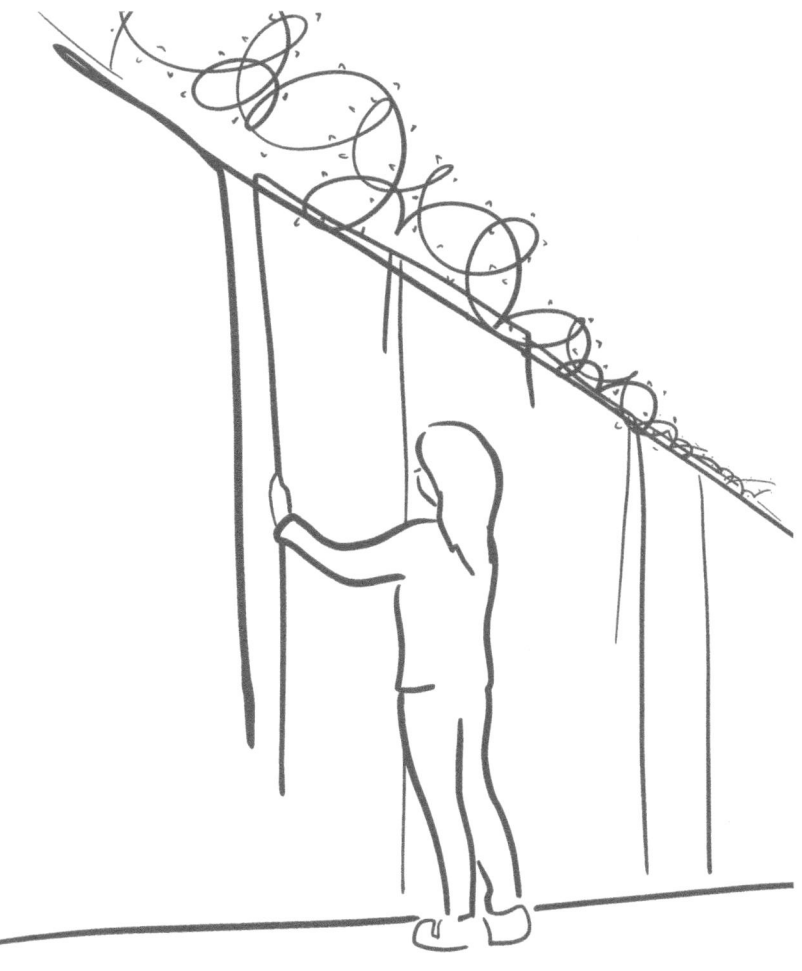

Es ist eine Sache, seine Season zu erkennen, doch eine andere, sie auch zu leben. Denn leider gibt es einige Dinge, die uns daran hindern können, unsere Berufung, unseren Platz einzunehmen. Deshalb möchte ich an dieser Stelle noch einmal der Frage nachgehen: Was hindert uns daran, Gemeinschaft mit Gott zu haben, unserer ersten und wichtigsten Berufung nachzukommen?

Aus meiner Geschichte hast du vielleicht herauslesen können, was mich persönlich lange Zeit daran gehindert hat, in enge Gemeinschaft mit Gott zu treten. In diesem Kapitel will ich noch einmal einige wichtige Berufungskiller aufdecken. Denn ich glaube, wir müssen erst mal erkennen, was uns abhält, um dem begegnen zu können – und das wird schließlich zur Veränderung führen.

Es gibt einige Punkte, die mich davon abgehalten haben, Gottes Nähe zu suchen, und mit denen ich auch immer wieder zu kämpfen habe. Hier liste ich dir mal meine Top 5 der Berufungskiller auf und beschreibe, woran ich sie erkenne und wie ich ihnen begegne:

1. ICH VERGESSE MEINE BERUFUNG (ODER HABE SIE NIE VERSTANDEN UND ANGENOMMEN)

Jedes Mal, wenn ich wieder denke: „Aber ich muss doch dies oder das tun und schaffen", habe ich in meinem Herzen vergessen, was meine Berufung ist – oder zumindest möchte ich gerade nicht an sie glauben.

Ich vergesse vor allem dann meine Berufung, wenn ich nicht nah bei dem bin, der mir meine Berufung überhaupt erst gibt. Das aufzudecken, ist manchmal gar nicht so einfach. Doch wer mir dabei hilft zu erkennen, dass ich gerade mal wieder grundlose Zweifel habe, weil meine göttliche Berufung ja schon feststeht, ist mein Ehemann, der mich immer wieder genau daran erinnert. Umgib dich deshalb mit Menschen, die auch dir immer wieder sagen und zusprechen, was für eine Berufung du hast.

2. ICH DENKE, DASS ZEIT MIT GOTT LANGWEILIG IST UND SICH LEER ANFÜHLT

So oft denke ich, dass etwas anderes mich jetzt mehr erfüllen würde als Zeit mit Gott: diese eine Serie, Sport, Essengehen oder auch Shoppen.

Mein Vater schickte mir letztens einen Zeitungsartikel, in dem berichtet wurde, dass immer weniger Jugendliche in den Gottesdienst gehen würden. Warum? Weil es für sie „verschenkte Zeit" ist, weil sie lieber ausschlafen, weil es langweilig ist. Gott selbst ist für sie langweilig und altmodisch. Gott verschwendet ihre Zeit.

Ganz ehrlich, ich ertappe mich auch immer wieder bei den Gedanken: Ach, ich könnte jetzt auch schon schlafen gehen oder bei Instagram noch ein wenig hoch- und runterscrollen, anstatt in den Gebetsraum zu gehen. In diesen Momenten glaube ich der Lüge, dass mich etwas anderes genauso erfüllen kann wie Gottes Gegenwart. Aber ich will dir sagen: Noch kein einziges Mal, wenn ich mich auf die Zeit mit Gott eingelassen hatte, hatte ich danach das Gefühl, dass meine Zeit verschwendet wurde. Doch es ist verrückt, wie sehr ich immer wieder darum kämpfen muss, mich daran zu erinnern, wie herrlich es doch in Gottes Gegenwart ist. Auch bei diesem Punkt ist es sehr wertvoll, sich mit Menschen zu umgeben, die viel Zeit mit Gott verbringen und an denen du die Auswirkungen davon erlebst und du sehen darfst, dass es einen Unterschied macht, wenn wir regelmäßig Gemeinschaft mit Gott haben.

3. ICH WARTE AUF DEN PERFEKTEN MOMENT, DAS PERFEKTE MATERIAL, DIE PERFEKTE UMGEBUNG ...

Ich kaufe mir DIESES Andachtsbuch oder genau DIESE Bibel mit dem rosa Einband und den goldenen Seiten, denn wenn ich DIE erst mal habe, DANN lese ich wirklich jeden Tag in der Bibel ... Kennst du solche Gedanken?

Wisst ihr, mein Mann und ich kauften uns in unserem ersten Ehejahr eine teure Kaffeemaschine. Die war wirklich nicht günstig für unsere Verhältnisse, und als wir auf dem Rückweg mit der neuen Maschine im Kofferraum waren, sagten wir, dass wir nun wirklich JEDEN MORGEN mit unserem ersten Kaffee Zeit mit Jesus verbringen wollten. Und wie lange hielt das an? Nicht lange ...

Wir sind nicht darauf angewiesen, erst eine bestimmte Sache haben zu müssen, um tiefe Gemeinschaft mit Gott haben zu können. Und wenn wir sie haben, ist das auch keine Garantie dafür, dass wir uns auch wirklich Zeit für Gott nehmen ... Gott will einfach nur dich. Mich hält es manchmal davon ab, in der Bibel zu lesen, dass ich die passenden Markierstifte nicht dabeihabe. Unglaublich, oder? Darauf kommt es doch nicht an! Es braucht nur Gott und dich. Also belüg dich nicht selbst, und schieb es nicht immer weiter vor dir her, sondern fang einfach an. Gott wartet auf dich.

4. ICH BIN VON GOTT ENTTÄUSCHT

Du bist enttäuscht. Vielleicht, weil du gehofft hast, dass dein Leben anders verlaufen würde? Dass diese Situation sich endlich verändern würde? Dass Gott, wenn er doch so gut ist, sich um dein Leid kümmern würde, aber es ist immer noch da?

Als ich an dem Punkt war, an dem ich realisierte, dass ich alles aufgeben musste – mein Studium, meine Gemeindearbeit, die viele Zeit, die ich in Beziehungen investierte, und sogar meine eigenen Freiheiten –, merkte ich, dass ich wirklich enttäuscht war: *Das soll ein schönes Leben sein? Wieso läuft es bei den anderen immer so perfekt, nur bei mir nicht?*

Ich war enttäuscht, dass MEIN Plan für MEIN Leben nicht aufgegangen war. Dass dieser Plan einfach nicht mehr funktionierte. Und Gott begegnete mir genau in dieser Enttäuschung. Er begegnete mir in dem Sinne, dass ich mich bei ihm komplett „ausheulen" durfte, dass ich ihm sagen konnte, wie traurig ich darüber war, das alles nicht mehr tun zu können. Und genau das hat mir geholfen. Die Krankheit meines Sohnes, die hat Gott nicht weggenommen, aber er hat auf meine Enttäuschung reagiert und etwas Wunderbares daraus gemacht. Er hat mich mit meiner Enttäuschung angenommen und mir dadurch gezeigt, wer er wirklich ist. Nämlich ein Gott, dem es nicht egal ist, wie es mir geht. Ein Gott, der mir in meiner Verletzung Heilung schenkt und meine Enttäuschung in Segen verwandelt.

Genau für die Bereiche, in denen ich am Anfang so enttäuscht war, kann ich Gott heute nur loben, so viel Gutes hat er dort bewirkt! Er hat mich zum Segen für andere werden lassen, in Bereichen, wo ich selbst dachte, den meisten Segen zu benötigen, aber genau dadurch wurde auch ich gesegnet. Ist das nicht genial!?

5. ICH WILL JESUS GAR NICHT FOLGEN

Vielleicht ist das hart zu lesen, aber ich habe letztens den Brief von Pauls an die Christen in Galatien gelesen, in dem steht: „Täuscht euch nicht! Macht euch klar, dass ihr Gott nicht einfach missachten könnt, ohne die Folgen zu tragen. Denn was ein Mensch sät, wird er auch ernten. Wer nun nach seinen sündigen Neigungen lebt, wird sich damit selbst zugrunde richten und schließlich den Tod ernten. Aber wer lebt, um dem Geist zu gefallen, wird vom Geist das ewige Leben erhalten" (Galater 6,7–8; NLB).

Paulus nimmt hier kein Blatt vor den Mund, und wir müssen uns darüber bewusst werden, dass er sich mit seinem Brief nicht etwa an Ungläubige wendet, sondern an Christen!

Ich hatte bereits erwähnt, dass Gott uns einen freien Willen gegeben hat. Das bedeutet, WIR entscheiden. WIR entscheiden uns für das Gute oder für das Böse. WIR entscheiden uns, ob wir lästern und uns damit Feinde machen oder Gutes über andere aussprechen. WIR entscheiden uns dafür, zu betrügen und bekommen dafür dann eine Strafe. WIR entscheiden uns, Alkohol zu trinken und uns hinters Steuer zu setzen, und haben dann einen Autounfall mit schweren Folgen.

Verstehst du, was ich meine? Wir sind freie Menschen mit einem freien Willen – und unser Geist ist willig, aber unser Fleisch ist schwach (vgl. Markus 14,38). Das bedeutet, dass unser Geist, der mit Gottes Geist verbunden ist, zwar wüsste, was das Richtige ist, aber unser Fleisch, unsere menschliche Natur, sich dennoch für das Falsche entscheidet. Das sind oft die Entscheidungen, die wir ohne Gott treffen, obwohl wir selbst gar nicht wissen, was uns wirklich guttut und was wir wirklich im Leben brauchen. Ich glaube, es ist eine Lüge, dass wir Menschen aus uns heraus wissen, was gut für uns ist und was wir brauchen. Unser eigener Egoismus hält uns von Gott fern. Unser Egoismus sagt uns, dass wir nicht schlecht sind. Dass wir gute Menschen sind und dass wir es nicht nötig haben, dass uns jemand von Schuld erlöst.

Auch mein Egoismus hält mich oft davon ab, zu Gott zu kommen. Er ist der Berufungskiller schlechthin, denn er flüstert uns letztlich nichts anderes ein, als dass wir Gott geschweige denn Zeit mit ihm überhaupt nicht brauchen.

Wir sind dazu berufen, in Gemeinschaft mit Gott zu leben, und wenn wir diesem Ruf folgen, wird Jesus mit uns weitergehen und uns eine konkrete Aufgabe, einen Platz zeigen, den nur wir ausfüllen können. Doch was hindert uns daran, diese *persönliche*, an uns gerichtete Berufung anzunehmen und zu leben? Dafür habe ich noch einmal drei weitere Punkte gesammelt, von denen ich stark wahrnehme, dass sie echte Berufungskiller sind.

6. ICH KANN STILLE NICHT AUSHALTEN (UND DESWEGEN AUCH NICHT HÖREN, WAS GOTT KONKRET FÜR MICH VORBEREITET HAT)

Ich glaube, dass wir es in unserer Gesellschaft verlernt haben, wirklich still zu werden. Ständig sind wir online, ständig geht es darum, auf dem neuesten Stand zu sein – die Welt dreht sich viel schneller, als wir es eigentlich ertragen können.

Und was bedeutet es eigentlich wirklich, „still" zu werden? Ich wusste es lange Zeit überhaupt nicht. Vielleicht wurde ich zum ersten Mal so richtig mit Stille konfrontiert, nachdem mein Mann in unserem Auto das Radio abgeklemmt hatte. Seit wir uns kennen und dasselbe Auto fahren, habe ich demnach kein Radio im Auto.

Vielleicht könnt ihr euch nicht vorstellen, was das bedeutet, aber glaubt mir, es gab unterwegs seeeehr lange Zeiten der Stille, und das war nicht immer einfach. Aber rückblickend kann ich sagen, das war ein sehr, sehr wertvoller Schritt raus aus der Dauerberieselung. Aber so richtig intensiv mit Stille auseinandergesetzt habe ich mich das erste Mal, als ich den Gebetsraum für unsere Gemeinde gestalten sollte. Ich hatte so viele Ideen: hier und da eine hübsche Ablage, dort ein extra Bereich für Kreativität, in der anderen Ecke die Musikecke, in der nächsten das WLAN-Passwort, um online Lobpreismusik und Predigten zu hören. Dann sollte es natürlich noch eine coole Beleuchtung geben, ein Kreuz durfte selbstverständlich auch nicht fehlen, hier und da noch ein paar Pflanzen, einen kleinen Kühlschrank für kalte Getränke...

Mir fiel alles Mögliche ein, womit dieser kleine Raum gefüllt werden könnte. Und ich stellte fest, dass ich es nicht ausgehalten hätte, einfach nur einen Raum zu haben mit nichts weiter darin. Ein Raum einfach nur mit einem Kreuz, einem Stuhl und einem leeren Blatt, um festzuhalten, was Gott sagt. Einfach nur still werden.

Zum Stillwerden brauche ich mein Handy nicht, und ich bin auch froh, dass der Empfang im Gebetsraum wirklich schlecht ist. Für Stille brauche ich auch keinen perfekt eingerichteten Raum – er hilft mir, mich wohlzufühlen, aber die Schönheit des Raumes trägt nicht dazu bei, dass ich Gott intensiver begegne. Einfach Gott und ich. Darauf kommt es an. Drei Minuten mal nur ein- und ausatmen. Das ist eine lange Zeit. Drei Minuten Stillsein mit Gott waren für mich damals wirklich das Höchste der Gefühle. Aber ich wurde so dankbar für diesen Ort. Denn zu Hause, wenn ich versuchte, diese Stille zu leben, scheiterte ich jedes Mal. Ich sah die nicht ausgeräumte Spülmaschine, die lange Einkaufsliste, die Wäsche, die ich noch eben zusammenfalten könnte – kurz: Ich hatte immer einen Grund, nicht in die Stille zu gehen. Ich musste es erst lernen, still zu werden, aber ich wollte es, denn ich spürte, dass sich diese Zeiten der Stille lohnten.

Du bist berufen, in Gemeinschaft mit Gott zu leben, deshalb finde heraus, wie du das am besten tun kannst – vielleicht, indem du spazieren gehst, einen Brief an Gott schreibst oder ein Gebetstagebuch führst.

Warum ist Stillsein wichtig? Weil Gott in der Stille nicht nur dein Herz formt, sondern dir auch zeigt, was konkret dein Platz, deine Aufgabe oder dein soziales Umfeld sein soll. Anders ausgedrückt: wozu er dich ganz persönlich konkret berufen möchte.

7. ICH HABE ANGST ...

Ich finde ja, es ist schon ein riesengroßes Geschenk, diese Beziehung mit Gott haben zu dürfen, aber Gott geht noch einen Schritt weiter mit uns: Wir dürfen seine Werkzeuge sein. Er will dich und mich dazu gebrauchen, Gutes zu tun in dieser Welt! Wow! Er will uns, die wir es nicht einmal schaffen, still zu werden, gebrauchen, um anderen Menschen wahren Frieden und tiefe Stille zu bringen. Doch ich erlebe viele Menschen, die sich durch die bereits genannten Berufungskiller von ihrer ganz persönlichen Berufung abschrecken lassen und gar nicht erst losgehen mit dem, was Gott ihnen aufs Herz gelegt hat.

Oft bestimmt uns dabei die Angst. Wir haben Angst ...

... DASS GOTTES PLAN MIR NICHT GEFALLEN KÖNNTE ODER PASST

Ich glaube, deine persönliche Berufung hat etwas mit deiner Leidenschaft zu tun. Gott gibt dir nicht einfach eine Aufgabe, die so gar nicht deinem Herzschlag entspricht. Sie entspricht vielleicht nicht deinen Vorstellungen, aber Gott kennt dich. Er weiß, wofür dein Herz schlägt und was dein Herz bricht. Diese Leidenschaft, diese Gaben, diesen besonderen Blick auf die Welt hat Gott dir geschenkt. Er wollte, dass du genau so bist, wie du bist, damit du genau für diesen einen bestimmten Ort und diese eine bestimmte Aufgabe ausgestattet bist.

... WEIL ES SCHIER UNMÖGLICH SCHEINT

„DAS IST UNMÖGLICH!" Kennst du diesen Gedanken, wenn du mit deinen kühnsten Träumen und deiner größten Berufung konfrontiert wirst? Es ist eine Lüge, zu glauben, dass es unmöglich ist. Wenn Gott dir einen Auftrag gibt, wird er dich befähigen, und du wirst diesen Auftrag erfüllen können, sei es finanziell, körperlich oder auch seelisch. Er wird es vollbringen. Das ist Gottes Job. Wenn er sagt „Geh!", dann geh. Du wirst staunen, wie Unmögliches möglich wird!!! Glaub nicht der Lüge, dass es unmöglich ist. Hab Vertrauen, vertrau dich dem an, der alles in der Hand hat, der weitersieht und dich zum Staunen bringen wird.

... WAS ANDERE ÜBER MICH DENKEN UND SAGEN

Was denken die anderen – meine Familie, meine Freunde, meine Kollegen –, wenn ich jetzt das tue?! Wie oft hatte ich diesen Gedanken schon in meinem Kopf. Aber wer hat denn gesagt, dass es einfach sein wird? Wer hat gesagt, dass alle dich bejubeln werden? Ich habe, wie du bereits gelesen hast, immer wieder Dinge getan, die in den Augen der anderen unvernünftig waren. Aber wir sollten Gottes Meinung und Anweisungen immer höher achten als die von anderen Menschen! Denn Angst vor dem, was Menschen über uns sagen oder denken könnten, lähmt uns.

Aber genauso kann uns auch die Angst vor den Menschen lähmen, ZU denen wir uns berufen fühlen. Überleg mal: Für wen war Jesus denn da? Für die Kranken, für die Bedürftigen, für die Aussätzigen, für die Verstoßenen … Zu diesen Menschen sind auch wir berufen, aber das ist nicht immer einfach. Gerade wenn ich als gesunder, gepflegter Mensch auf Menschen in Not zugehe. Dann habe ich Angst davor, wie sie reagieren könnten. Werden sie meine Hilfe annehmen? Werden sie es zulassen, dass ich für sie bete?

Ich frage mich manchmal, wovor ich eigentlich Angst habe. Ich lebe in Deutschland. Ich werde nicht für meinen Glauben verfolgt. Das Schlimmste, was ich einkassieren könnte, wäre ein „Nein", ein böser Blick oder einfach nur Verwirrung. Aber ich brauche keine Angst vor einem Schusswechsel oder Verfolgung zu haben. Die Menschen sehnen sich nach Liebe, nach Annahme, danach, gesehen zu werden, auch wenn viele es nicht zulassen können.

Also legen wir unsere Menschenfurcht ab! Ich selbst bin oft noch so ein Angsthase, obwohl ich über die Jahre hinweg schon so oft über meinen Schatten gesprungen bin. Aber am besten lerne ich, meine Menschenfurcht abzulegen, indem ich mich an die Momente erinnere, in denen Jesus durch mich Menschen angerührt hat. Und was forderte er dazu von mir? Manchmal einfach nur, zuzuhören, manchmal, ein bisschen Geld zu geben, und manchmal auch einfach nur einen freundlichen Blick.

8. ICH FRAGE MICH, WARUM GOTT AUSGERECHNET MICH GEBRAUCHEN SOLLTE

Jeder hat einen anderen Blick auf die Menschen, einen anderen Herzschlag, andere Gaben und Talente. Deshalb hilft es uns nicht, uns zu vergleichen. Das ist ein Berufungskiller, der mich immer wieder lähmt. Ich sehe die anderen um mich herum und vergleiche mich mit ihnen.

Gott hat mich berufen, anderen Frauen ein Zeugnis zu geben. Aber da gibt es doch diese andere Frau, die darin ausgebildet ist, die viel redegewandter ist als ich ...

Ich glaube, wir können sehr viel voneinander lernen und, ja, vielleicht ist diese Frau redegewandter oder was auch immer, aber wenn Jesus DIR den Auftrag gibt, etwas zu tun, dann trau dich! Denn dann wird er dich dazu gebrauchen, andere Menschen zu berühren.

Wie oft habe ich mir gedacht: Wenn ich mein Theologiestudium fertig habe, dann werde ich endlich auch mit einem Schein in der Hand beweisen können, dass ich es kann. Was für eine Lüge! Nur, weil du eine Erzieherausbildung gemacht hast, heißt das doch nicht automatisch, dass du gut mit Kindern umgehen kannst. Und nur, weil du Theologie studiert hast, heißt das noch nicht, dass du lebendig und redegewandt von deinem Glauben erzählen kannst. Ja, vielleicht bin ich der lebendige Beweis dafür, dass es kein Studium braucht, um seiner Berufung nachgehen zu können. Wie viele großartige Menschen haben die Botschaft von Jesus verkündet und hatten kein Abitur, hatten eine dunkle Vergangenheit oder kamen sogar direkt aus dem Gefängnis. Gott braucht nicht in erster Linie Leute mit der richtigen Ausbildung, er braucht vor allem Leute mit der richtigen Herzenseinstellung.

Ich bin fest davon überzeugt, dass es für dich ganz persönlich einen Platz gibt, den nur DU ausfüllen kannst. Vielleicht sagst du jetzt: „Ja, ich bin schon mit Gott unterwegs, aber ich höre und sehe einfach nicht, was mein nächster konkreter Schritt sein soll." Dann sage ich dir: „Lebe in enger Gemeinschaft mit Gott, bis sich eine neue Tür öffnet, und nutze diese Zeit des Wartens. Sei Licht! Sprich Leben und Wahrheit über andere Menschen aus! Das ist IMMER dran!"

Echt sein, Licht sein, dort, wo man gerade ist – ob in der Bahn, im Krankenhaus oder in den eigenen vier Wänden. Behalte dir ein offenes Herz und offene Türen für die Menschen, die dir begegnen. Sei bereit, das anzunehmen, was Gott dir vor die Füße legt, auch wenn du es dir vielleicht anders vorgestellt hättest.

In dieser ungewissen Zwischenzeit müssen wir uns nicht verkrampft auf unsere konkrete Berufung konzentrieren, sondern auf den, der uns ruft.

KAPITEL 8:

PLANÄNDERUNG

*N*un sitze ich hier in meinem Wohnzimmer. Der Große ist im Kindergarten und der Kleine für zwei Stunden bei seinem Cousin. Etwas Luft. Etwas tiefer einatmen. Als Mama hast du rund um die Uhr Entscheidungen zu treffen und eine Vollzeit-Verantwortung für einen oder mehrere andere Menschen. Meine letzten vier Jahre waren geprägt von Krankenhausbesuchen, täglichem Spritzen, Apothekengängen, Kinderarztterminen, Schlafmangel, Verzicht auf Zweisamkeit, aber auch Meilensteinen, die meine Kinder erreicht hatten. Es gab viele schöne Tage und viele schmerzhafte Tage – und genau das erkenne ich mittlerweile als meine Berufung an: meine Berufung als Vollzeit-Mama; meine Berufung, mit einem kranken Kind zu leben und damit zum Teil deutlich eingeschränkt zu sein und doch genau dadurch ein starkes Zeugnis geben zu können. Aber genau diese Berufung, meine Season, konnte ich erst annehmen, nachdem ich erkannt hatte, dass ich in erster Linie dazu berufen bin, an Gottes Herzen zu leben.

Vier Jahre bin ich nun schon zu Hause, und es hat sich in dieser Zeit so viel in meinem Herzen getan und vor allem in meiner Beziehung zu Jesus. Diese Zeit zu Hause kommt mir vor wie das Legen eines Fundaments: Ich durfte mehr verstehen und schließlich in der Gewissheit wandeln, dass ich einfach SEIN darf.

Manchmal kam mir die Kleinkindphase so endlos lang vor, und ich dachte nach anstrengenden Nächten oft, dass das ein Leben lang so bleiben würde. Doch jetzt gerade genieße ich wirklich in Ruhe meinen

Kaffee. Die Jungs werden größer, und auf einmal scheint da mehr Frei-raum zu sein als in den Jahren zuvor.

Jetzt, nach vier intensiven Jahren, ist da plötzlich wieder etwas Luft – und die Perspektive, dass es in den nächsten Abschnitt geht, der wesent-lich mehr Freiheit und Möglichkeiten für mich bereithält: Manoah ist schon im Kindergarten, und auch Timéo wird bald an drei Tagen in der Woche einen kleinen Spielkreis besuchen. Das bedeutet für mich: drei Mal die Woche für jeweils zweieinhalb Stunden keine Kinder. Zweieinhalb Stunden, die ich frei gestalten kann – nur für mich.

So fühlte ich mich damals, nicht ahnend, dass wieder einmal alles anders kommen würde. Doch der Reihe nach: Ich hatte damals das Gefühl, mein abgebrochenes bzw. pausiertes Theologiestudium war-tete noch auf mich. Ich hatte schon so lange Lust gehabt weiterzu-machen und sah nun endlich die Möglichkeit, in diesem nächsten Abschnitt meines Mamaseins mein Studium tatsächlich fortzuset-zen. Und dieses Mal wollte ich es als Präsenzstudium machen. Das bedeutete, ich würde endlich wieder mit anderen Menschen gemein-sam unterwegs sein, mit ihnen lernen und große Themen bewegen – einfach mal so richtig Studentin sein. Ich freute mich schon sehr darauf!

Und es sollte noch besser werden, denn unsere Mitbewohner Tom-Luca und Eric wollten nun auch beim IGW Theologie studie-ren. Wir wären dann tatsächlich so etwas wie eine Studenten-WG voller Theologiestudenten. Und wir alle drei würden in unserer Hei-matgemeinde angestellt werden. Wir bekamen vorab schon Men-toren an die Seite gestellt und redeten mit ihnen viel über unsere Visionen und Bereiche, in denen wir noch wachsen wollten, und die Gemeindeleitung unterstützte uns finanziell.

Ich war dankbar und motiviert – gerade mit Blick auf diese geniale, offene, wachsame und wachsende Gemeinde voller Menschen, die einander sahen, so viel bewegten und für die Menschen vor Ort Licht waren.

So eine Gemeinde mitzugestalten – und nach dem Studium vielleicht sogar irgendwann selbst zu bauen –, das war ein Traum für mich!

Alles passte und ich war mir sicher: *Das ist mein Ruf, das ist meine Berufung: Mama sein. Theologie studieren. Jesus großmachen im Privaten wie im Beruflichen.*

Und mitten in den Vorbereitungen, der Planung und der Vorfreude bekamen wir einen Anruf: Manoahs Therapie schlage nicht ausreichend an. Manoahs Therapie bestand darin, dass wir ihn täglich abends spritzten. Dies sollte die Bildung der Leukozyten anregen. Eine Spritze – und er war quasi „für einen Tag gesichert". Doch diese Sicherheit gab es nun nicht mehr. Über einen zu langen Zeitraum hatte unser Sohn nun schon schlechte oder schwankende Werte. Hinzu kam, dass er in den letzten Jahren zu oft lebensgefährlich erkrankt war und deshalb irgendwann die Antibiotika nicht mehr anschlagen könnten. Somit war für die Ärzte nun klar, dass möglichst bald eine Stammzellentransplantation für Manoah in Betracht gezogen werden musste.

Eine Stammzellentransplantation – wie bei meinem Mann. Doch eigentlich hatte ich überhaupt keine Ahnung, was das konkret bedeutete, denn ich war damals ja gar nicht in Deutschland gewesen, als sie bei Fritze durchgeführt worden war. Und tatsächlich hatten Fritze und ich bisher nie intensiv über diese Zeit gesprochen. Als ich aus Amerika wiederkam, war er schließlich schon wieder richtig fit und „gesund" – und wollte gar nicht mehr so viel zurückdenken.

In den letzten vier Jahren waren jedoch immer wieder Sätze über eine Knochenmarks- oder eben Stammzellentransplantation (kurz: KMT) gefallen – und auch über die Risiken, die sie mit sich bringen würde. Ich wusste, dass wir deshalb eigentlich alle versuchen wollten, diese Transplantation so lange wie möglich hinauszuzögern. Es würde ein langer Prozess werden: Ein Jahr raus aus allem. Manoah würde für eine lange Zeit nicht in den Kindergarten gehen können. Fünf bis acht Wochen isoliert im Krankenhaus würden uns bevorstehen. Und dann wahrlich ein Kampf um Leben und Tod. Würden wir einen passenden Spender finden? Würde unser Sohn die dazugehörige Chemotherapie schaffen? Würde mein Mann sich für diese lange Zeit Urlaub nehmen können? Würde Manoah starke Schmerzen haben? Und was wäre mit unserem anderen Kind?

So viele Fragen schwirrten in meinem Kopf herum. Das Heft, das ich ein paar Wochen später in der Hand hielt, hatte alle Antworten auf meine Fragen, was so eine Stammzellenspende mit sich bringen würde – und sie durchbohrten mein Herz.

Genauso herausfordernd war es, im nächsten Moment zu realisieren, dass ich einmal mehr wieder zurückstecken musste. Wieder einmal wurden meine Pläne, die ich für mein Leben hatte, über Bord geworfen. Ich wollte doch gerade wieder mit meinem Studium beginnen. Ich wollte doch endlich mal etwas anderes machen, als ständig im Krankenhaus zu sein. Ich wollte endlich weitergehen in eine neue Season.

Und ich spürte sofort, wie die alten Gedankenmuster und Lügen wieder in meinen Kopf kamen: *Vier Jahre zu Hause sein, das muss doch gereicht haben. Ich muss doch endlich mal wieder was leisten, ich muss was schaffen, sonst bin ich irgendwann wirklich ein Niemand.*

Alle machen ihren Bachelorabschluss, alle haben eine Berufsausbil-
dung, und ich soll mit 26 Jahren weiterhin auf der Reservebank sitzen
und wieder wochenlang ins Krankenhaus?

WIEDER ALLES AUF NULL

Es schmerzte sehr. Vor allem, je mehr mir bewusst wurde und ich
mir wirklich eingestehen musste, dass es keinen anderen Weg gab –
und ich mein Studium – mal wieder – würde absagen müssen.

Ich stand vor der größten Herausforderung meines bisherigen
Lebens und musste dabei – mal wieder – meinen Traum, meine
Berufung für etwas opfern, was eher ein Albtraum werden würde.

Ich erinnere mich genau an den Moment, in dem mir das bewusst
wurde:

Eric und Tom-Luca verließen gerade das Haus – und machten
sich auf den Weg ins Studiencenter. Ich schaute aus dem Fenster und
weinte. ICH war doch diejenige, die studieren wollte, ICH hatte das
hier doch schon vor vier Jahren angefangen. Und jetzt fuhren diese
beiden Männer los und studierten Theologie, lebten meinen Traum.

In mir stieg Frust, Traurigkeit und Wut auf: *Die zwei haben noch*
keine Kinder und können tun und lassen, was sie wollen. Ist dieses
Studium wirklich ihr Traum? Oder machen sie das einfach, weil es ge-
rade passt und sie keine bessere Idee haben? Ich meine, ICH wollte das
unbedingt… Ich weinte. Ich weinte viel.

Wieder so ein Cut.

Mein perfekt durchdachter Plan und die perfekten Umstände, weil
meine Jungs sowieso im Kindergarten sein würden, gerieten wieder
komplett durcheinander.

Diesen Cut hatte ich doch schon einmal erlebt. Ich dachte, ich
hätte inzwischen verstanden, dass mein Plan oft nicht übereinstimmt

mit dem Plan Gottes. Doch einmal mehr musste ich lernen, den eigenen Plan über Bord zu werfen und Gott zu vertrauen.

Aber es tat so weh.

Doch dann kam mir plötzlich wieder folgender Satz in den Kopf. Ich hatte ihn mal während einer Predigt aufgeschnappt – keine Ahnung, welche es war und worum es ging –, doch dieser Satz blieb mir hängen: „Wir sehen oft nur die Früchte bei den anderen, aber nicht die Treue, den Gehorsam, das Dranbleiben all die Jahre zuvor."

Wir wollen wie der krasse Musiker in der Band auf der Bühne stehen, sind aber nicht bereit, Stunden um Stunden in die Proben zu investieren. Oder wir wollen wie diese eine erfolgreiche Gemeindeleiterin sein, was aber keiner sieht, ist, dass sie 15 Jahre zu Hause war und nur in ihre Familie investiert hat. Oder wir wollen wie der Älteste sein, der so eine tolle Position hat, aber Streit, Gemeindeaustritte und verletzende Diskussionen wollen wir eher nicht miterleben. Menschen, die andere Menschen führen — dein Chef zum Beispiel –, verdienen viel und genießen eine hohe Stellung. Das erscheint uns erstrebenswert, doch die Nächte, die sie sich mit Rechnungen, Versicherungen und wichtigen Entscheidungen um die Ohren schlagen, wollen wir lieber nicht erleben. Oder wir wollen einen fitten, gesunden Körper, sind aber nicht dazu bereit, uns mit ausgewogener Ernährung auseinanderzusetzen. Beziehungen – wir wünschen sie uns alle –, sie sollen tief und echt sein, aber wir sind nicht bereit, uns verletzlich zu machen oder zu investieren, auch wenn das Gegenüber uns gerade nichts zurückgibt.

Wir streben oft danach, endlich die Früchte unserer Arbeit in den Händen zu halten. Wir wollen Erfolge sehen. WIR wollen gesehen werden. WIR wollen uns in voller Pracht zeigen.

Doch ich glaube, so läuft der Laden nicht. Du wirst keine Früchte sehen, wenn du nicht auch bereit bist, in den kleinen Dingen treu zu sein – und im Glauben gehorsam zu sein.

Es ist wie bei einem Baum, der keine Früchte hervorbringen kann, wenn er nicht tief in gutem, gesättigtem Boden verwurzelt ist.

Also, bist du bereit, dich zu verwurzeln?

Ring für Ring anzulegen?

Jahr für Jahr einen stabileren Stand zu bekommen?

Ich war es lange Zeit nicht. Ich habe versucht, mir durch eigene Leistung möglichst schnell möglichst große Früchte heranzuziehen, aber das funktioniert nicht.

Wie ich anfangs schon erzählt habe, versuchte ich schon als junges Mädchen, große Dinge zu vollbringen. Ich bin eben ein Typ Mensch, der gern die Initiative ergreift und losschießt. Ich strebte immer danach, schnell Ergebnisse zu sehen, ja – Früchte zu sehen. Ich wollte erleben, dass das, was ich tat, große Auswirkungen hatte. Ich wollte sehen, dass ICH gut war. Ich versuchte, in Projekten, Beziehungen oder auch in meiner Partnerschaft aus eigener Kraft große Dinge zu vollbringen, und war nicht bereit, einen längeren Weg auf mich zu nehmen, der mehr Beständigkeit erfordern würde.

Doch ich verstand immer mehr, dass aus mir selbst heraus keine bleibenden Früchte entstehen würden. Vielmehr sah ich, dass ich Menschen oft verletzte, dass ich – während ich losrannte – Menschen verlor, die ich eigentlich so liebte. Obwohl ich weiß, dass Gott auch vieles von dem, was ich in diesen Jahren in meinem so unperfekten Zustand gemacht habe, aus Gnade gebraucht hat, weiß ich aber auch, dass es gut gewesen wäre, drei Gänge zurückzuschalten. Ich habe mittlerweile verstanden, dass es in erster Linie darum geht, sich in Jesus zu verwurzeln und IHN zu fragen, was der nächste Schritt ist.

Und häufig braucht es für wirklich bleibende Frucht, für wirklich große „Erfolge" doch auch mehr Vorbereitungszeit. Nicht umsonst wird in der Bibel immer wieder von Früchten gesprochen. Und bis eine Frucht wächst, braucht es eben Zeit. Wenn du dein Leben in enger Gemeinschaft mit Jesus lebst, wird es ganz automatisch Früchte bringen. Und sie werden herrlich sein, sie werden schmackhaft sein – und alle werden sie sehen!

Wie oft habe ich gedacht, dass meine Zeit zu Hause niemals Früchte bringen würde.

Aber das war eine Lüge. Denn heute sehe ich in meinem Handeln und in meinen Worten schon die ersten Früchte. Mir fällt es zum Beispiel viel schneller auf, wenn ich ins Lästern verfalle, und ich habe viel mehr Geduld mit meinen Kindern. Die Zeit, in der ich mich in Jesus verwurzelt habe, war und ist so wichtig! Du wirst schnell fallen, wenn du nicht gelernt hast, in deine Wurzel zu investieren; dein Baum wird in den Stürmen des Lebens schnell umknicken, wenn du keine tiefen Wurzeln hast und nicht Jahr für Jahr neue Wachstumsringe angelegt hast, indem du mit Jesus gewandelt bist.

Und dieses „Wandeln" ist so ein großartiges Wort! Mein Mann findet, einer der besten Sätze in der Bibel lautet: „Und Henoch wandelte mit Gott" (1. Mose 5,24 a; LU). Es geht in unserem Leben mit Gott nicht darum zu rennen, aber eben auch nicht darum, einfach stehen zu bleiben.

Es geht ums Wandeln – und ums Ausharren.

Ausharren. Harre aus. Oh, wie oft mir diese Worte in den letzten Jahren begegnet sind.

Es ist so schwer, in etwas auszuharren. In diesem ETWAS zu bleiben, ohne zu wissen, was als Nächstes kommen wird; ohne zu wissen, wann und ob es jemals ein Ende dieser belastenden Situation geben wird. Ausharren ... bei Gott. Das Wort „ausharren" kannst du auch mit „standhaft bleiben" übersetzen.

Ich selbst fühlte mich in dieser erneuten „Cut-Situation" eher nicht so standhaft, und doch wurde ich es wieder, als ich losließ. Ich traf wieder einmal die Entscheidung, mein Studium hintenanzustellen – und damit auch meine Vorstellungen, meine Wünsche und meinen perfekten Plan –, um mich voll und ganz in das zu investieren, was Gott mir offensichtlich zumutete.

Ich dachte, ich hätte so langsam verstanden, dass Gebet wichtig ist und dass es außerdem wichtig ist, sich zu verwurzeln. Doch als ich an diesem Morgen am Fenster stand und weinte, merkte ich, dass ich es immer noch nicht verstanden hatte. Und ich glaube, ich werde auch noch mein ganzes Leben lang brauchen, um Gottes Liebe für mich immer wieder neu anzunehmen und ihm glauben zu können, dass er mich ganz bewusst in diese Season gestellt hat und es auch bei allen noch kommenden tun wird; dass er immer noch alles unter Kontrolle hat; dass er mich nicht vergessen hat – nicht auf dem Arbeitsmarkt und auch in keinem anderen Bereich – und dass er weiß, was ich tragen kann und wo er mich am besten einsetzen kann in seiner Welt.

SCHMERZHAFTE ZWISCHENZEITEN

So ein Cut fühlt sich erst mal so an, als ob wir einen Gott hätten, der einem nichts, absolut gar nichts gönnen würde – aber allen anderen schon. Während ich noch versuchte, neu zu verstehen, was gerade passierte, und mich an all das Gute zu erinnern, was seit meinem letzten großen Cut passiert war, wurde plötzlich der Grund für diesen Cut immer mehr Thema: *Mein Sohn braucht nun eine Stammzellenspende. Und diese Stammzellenspende würde ihn – wenn alles gut lief – gesund machen.*

Die Ärzte hatten uns gesagt, dass Manoah in seinem aktuellen Zustand eventuell nur das 12. Lebensjahr erreichen würde. Mein Mann bekam seine Transplantation damals erst mit 19 Jahren, doch so lange würden wir bei Manoah nicht mehr warten können.

Dafür schlugen die Medikamente bei unserem Sohn nicht ausreichend an. Er war die letzten Jahre einfach viel zu oft krank gewesen, und nun bestand jederzeit das Risiko, dass er selbst an einer einfachen Erkältung sterben könnte. Sein Immunsystem war trotz hoch dosierter Medikamente viel zu schwach, sodass wir mit den Ärzten die Entscheidung getroffen hatten, diesen Schritt jetzt schon zu wagen.

Es war uns klar, dass diese Transplantation Manoahs Weg zur Gesundheit sein würde. Und doch hatten wir versucht, sie so weit wie möglich nach hinten zu verschieben, denn eine solche Transplantation ist absolut kein Spaziergang: 6 bis 8 Wochen Krankenhausaufenthalt, hoch dosierte Medikamente, viele Untersuchungen, bei denen mein Sohn keine Wahl haben würde und alles über sich würde ergehen lassen müssen, Chemotherapie acht Tage hintereinander und schließlich die Stammzellentransplantation an sich mit all ihren unangenehmen Nebenwirkungen. Außerdem würden wir als Familie sehr lange voneinander getrennt sein. Mit einem 2-Jährigen zu Hause ohne seine Mama. Die Corona-Pandemie würde es uns nicht ermöglichen, uns in der Krankenhauszeit oft abzuwechseln. Vor uns lag also ein Weg, der definitiv herausfordernd sein würde – und der nach dieser Krankenhauszeit nicht vorbei sein würde.

Die Ärzte hatten uns mitgeteilt, dass die Stammzellentransplantation in circa 6 bis 8 Wochen starten könnte. In sechs bis acht Wochen? Mein Mann schaute mich erstaunt an. Doch so schnell? Es waren tatsächlich bereits fünf passende potenzielle Spender gefunden worden.

Ganz anders war es damals bei meinem Mann gewesen, als wir noch extra eine Spenderaufrufaktion zum Typisieren gestartet hatten, da es sich bei dem Spender in gewisser Weise um einen „genetischen Zwilling" handeln musste.

6 bis 8 Wochen bis zum Beginn dieser schweren Zeit? 6 bis 8 Wochen – was sollte ich in dieser Zeit machen? 6 bis 8 Wochen – irgendwie war das eine lange Zeit, und doch waren es auch NUR ein paar Wochen. Es begann eine Zeit des Wartens, bis der Anruf kommen würde und sie uns sagen würden, dass sie nun den perfekten Spender für unseren Sohn gefunden hätten und wir aufgenommen werden könnten. Eine Zeit, die vielleicht auch unsere letzte gemeinsame Zeit werden könnte, denn mir war sehr wohl bewusst, dass so ein strapaziöser Prozess schlimmstenfalls auch tödlich enden könnte. Eine Zeit des Wartens, des Aushaltens und des Ausharrens.

• • •

Ich war in den letzten Jahren größtenteils gut mit der Krankheit meines Sohnes zurechtgekommen. Wir hatten in der Familie auch nie ein großes Thema daraus gemacht. Manoah konnte in den Kindergarten gehen, durfte, wie jedes andere Kind auch, spielen, toben, baden gehen... Doch nun begann eine ganz neue Vorbereitungszeit. *Aber wie bereitet man sich auf so etwas vor? Wie verbringt man die vielleicht letzten gemeinsamen Wochen? Wie sollen wir mit unseren Jungs darüber reden? Und was kommt da eigentlich auf uns zu?*, fragte ich mich.

Diese herausfordernde Vorbereitungszeit führte mich schließlich noch mehr ins Gebet. Jeden Tag ging ich nun in den Gebetsraum. Die ersten Wochen waren intensiv. Mir war irgendwie klar, dass ich an diesen Ort gehen musste, denn wenn mein Sohn nun doch sterben sollte, dann musste ich meine seelischen Tanks vorher auffüllen. Ich brauchte Gottes Ruhe, Zuversicht und Hoffnung.

Doch diese intensiven Zeiten mit Gott machten mich irgendwie auch verletzlich. Ich habe erlebt, dass Gottes Gegenwart mich echt werden ließ. Bei Gott darf ich nämlich IMMER echt sein – und du auch! Wenn wir vor ihn treten, brauchen wir ihm nichts vorzuspielen; wir dürfen unsere Maske ablegen, denn er sieht uns ohnehin ganz, deshalb müssen wir uns auch selbst nichts mehr vormachen.

Und ich bin überzeugt, dass dieses Echtsein vor Gott auch etwas mit unserer „eigentlichen Berufung" zu tun hat. Denn eine Gemeinschaft mit jemandem ist nur dann tief, wenn wir ehrlich voreinander werden und uns dadurch eben auch verletzlich machen. Ich muss zugeben, manchmal hält mich die Vorstellung dieses „Echtseins vor Gott" davon ab, in den Gebetsraum zu gehen. Denn oft habe ich Dinge in meinem Herzen, von denen ich mich gerne ablenken lassen *möchte*. Durch mein Handy, durch meinen turbulenten Alltag lasse ich vieles in mir gar nicht erst richtig zu. Ich verstecke mich vor mir selbst.

Wenn ich jedoch die Gemeinschaft mit Gott suche, nehme ich mir bewusst ablenkungsfreie Zeit. Ich nehme mir Zeit, ehrlich in mein Herz zu schauen – und auch darauf zu schauen, wer Gott gerade wirklich für mich ist. Ich frage mich: Wie viel Raum nimmt er gerade in meinem Leben ein? Und dann gehe ich alle Bereiche meines Lebens durch: meinen Schmerz, meine Zweifel, meine Hoffnung und manchmal auch meine Wut über Menschen. Ich werde echt. In diesem Echtwerden darf ich spüren, dass es Gott wirklich wichtig ist, mein Herz ganz genau zu kennen. Natürlich kennt er es bereits, und vielleicht fragst du dich, warum er dann überhaupt noch einmal von mir persönlich hören möchte, wie es in mir aussieht?

Dazu möchte ich dir eine Situation aus meinem Leben erzählen: Mein Sohn lernte mit meinem Mann gerade Fahrrad fahren. Völlig begeistert und laut lachend fuhr er die Straße hoch und runter. Ich schaute aus dem Fenster und freute mich. Aber ich freute mich noch viel mehr, als mein Sohn später nach Hause kam und, während er sich noch auszog und die Treppe hochtapste, rief: „Mama, Mama, ich muss dir was sagen! Ich kann jetzt Fahrrad fahren!" Natürlich wusste ich das schon – ich hatte es ja selbst gesehen –, aber mein Herz platzte fast vor Freude, als ich es von ihm persönlich hörte.

Andere an seiner Freude teilhaben zu lassen, ist unglaublich bereichernd! Ich weiß nicht, wie oft Paulus in seinen Briefen schreibt, wie sehr er sich wünscht, sich gemeinsam mit den anderen Christen freuen zu können, damit alle Beteiligten dadurch noch größere Freude hätten. Aber allein sein Brief an die Christen in Philippi behandelt das Thema „geteilte Freude" gefühlt durchgängig. Doch nicht nur die schönen Momente sollen wir teilen, sondern auch die traurigen und die Dinge, die uns belasten. Weil wir dadurch echt voreinander werden. Und unsere Gemeinschaft vertieft wird. Und genau danach sehnt sich auch Gott. Er will alles von dir hören. Nichts wird ihn zurückschrecken lassen, nichts wird ihm zu schwer sein. Selbst deine dreckigsten Gedanken will er wissen. Er will *echte* Gemeinschaft mit dir erleben!

Und ich glaube, dass du durch diese *echte* Gemeinschaft viel einfacher deine *echte* Berufung finden kannst. Denn er zeigt dir, WER du bist, WAS du kannst und WO er dich haben will. Seine Ansichten über dich kennenzulernen, befreit dich von der Abhängigkeit von anderen Menschen, von ihren Meinungen darüber, wer du sein müsstest, was du für einen Weg zu gehen hast oder auf welche Art und Weise du am besten Gott dienen kannst. Diese echte Gemeinschaft mit Gott wird dich auf ein ganz neues Level bringen, und du wirst sehen, dass Gottes Berufung für dich zu 100 Prozent zu dir passt, denn diese Berufung kannst nur du ausführen – und du wurdest für sie gemacht!

Im Gebetsraum wurde ich in dieser besonderen Vorbereitungszeit oft emotional. Jeden Tag spürte ich, wie Gott mein Herz neu füllte mit Hoffnung und Vertrauen. Ich erlebte nicht einen Tag, an dem ich später dachte: *Das hat sich heute aber nicht gelohnt…* Und je mehr Zeit ich dort verbrachte, desto sicherer wusste ich, dass ich die Zeit, die kommen wird, nicht überstehen werde, wenn ich nicht an Gottes Herzen bleibe.

Ich weinte viel in dieser Zeit. Ich teilte meinen Freundinnen oft mit, dass mich die ganze Situation fertigmachte, dass ich nicht wollte, dass Manoah stirbt, und dass ich einfach nicht wusste, wie ich diesen Schmerz und noch dazu die lange Trennung von meinem zweiten Sohn aushalten sollte. Wenn ich an die Zeit dachte, die vor mir lag, wusste ich, ich würde einfach zu nichts mehr fähig sein. Diese kommende Zeit würde mich auseinandernehmen.

WERDE STILL, MEIN HERZ

Die ersten sechs Wochen waren vergangen. Manoahs Geburtstag konnten wir noch mal richtig zusammen feiern. Vier Jahre alt war er geworden. Ich hatte seine Feier ganz unter das Motto „Polizeigeburtstag" gestellt, da er sich so für die Polizei interessierte. Es kam sogar die echte Polizei vorbei und gratulierte ihm. Ich gab mein Bestes, damit dies ein unvergesslicher Geburtstag werden würde, denn was wäre, wenn es sein letzter gewesen sein würde? Ich wollte es mir nicht einmal vorstellen … Es war ein wundervoller heißer Sommertag und wir ließen ihn mit gemeinsamem Burgeressen am Lagerfeuer ausklingen.

Die Zeit verging und es kam immer noch kein Anruf. Wir warteten immer noch darauf, endlich die Bestätigung zu bekommen, dass Manoah nun bald ins Krankenhaus könnte.

Woche um Woche verging. Im Juli hatten wir die Entscheidung für die Transplantation getroffen, inzwischen war es September geworden, und wir warteten immer noch.

Dann begegnete mir im September 2020 das Lied „Werd still", die deutsche Version von „Be still" von Hillsong United, das direkt zu meinem Herzen sprach. Darin wird besungen, dass mein Herz einfach still werden darf, weil Gott alles in seiner Hand hält, ja, dass ich still werden und zuschauen darf, wie Gott alle Riesen in meinem Leben besiegt, und ich mich deshalb nicht fürchten muss. Selbst meine Angst wird still vor Gott, denn ich darf vertrauen, dass Gott tut, was er verspricht. Ich darf still werden und mich ausruhen, muss nicht mehr kämpfen, ich darf einfach zuschauen, wie „Glaube Gnade trifft".

Und dieses Lied begleitet mich bis heute.

„Ruh aus, kämpf nicht", heißt es darin – wie schön war es, das zu hören, aber wie schwer fiel mir das wieder! Ich wollte alles unter Kontrolle haben, ich wollte alles perfekt vorbereitet haben. Doch Jesus sagte mir: „Ruh aus! Ich mache das schon. Du musst nicht kämpfen und dich abrackern. Das, was ich dir vor vier Jahren gezeigt habe, ist heute noch genauso wahr: Ich liebe dich so, wie du bist. Und ich leite und führe dich da durch!"

Nach und nach wandelte sich meine Sicht auf die bevorstehende Herausforderung.

Ich hörte auf, ständig krampfhaft um Heilung zu beten und um alles, was man noch so bittet, wenn man mit Krankheit zu kämpfen hat. Der Drang danach verschwand völlig, denn plötzlich wurde mein Herz ganz ruhig. Anstatt zu bitten und zu flehen, fing ich an, Gott einfach anzubeten, ihm alles hinzulegen und ihm zu vertrauen.

Und auf einmal wurde ich mit Dankbarkeit erfüllt. Ich hatte mich immer und immer wieder gefragt, warum es denn jetzt nicht einfach losging, dann hätten wir es doch bald hinter uns. Doch nun erlebte ich, dass Gottes Timing wieder einmal genau richtig war, dass er den Überblick hatte und dass diese lange Wartezeit tatsächlich ein Segen war. Denn es sollte noch eine große Veränderung eintreten, bevor es losging: der Auszug von Ronja und Tom-Luca.

Mein Herz schmerzt noch heute, wenn ich darüber schreibe. Die beiden hatten den Sommer über bei Ronjas Elternhaus die Scheune ausgebaut. Statt eines Heubodens gab es dort nun eine wunderschöne neue Wohnung – und in dieser Wohnung würde jedes Ehepaar leben wollen.

Ursprünglich war der Plan gewesen, dass Ronja und Tom-Luca erst ein Jahr später ausziehen würden. So lange hätten die Jungs noch bei uns im Zimmer schlafen können, denn das funktionierte gut. Doch durch die Corona-Krise hatte Ronjas Vater in diesem Jahr ungeplant mehr Zeit gehabt und konnte so den Ausbau der Scheune wesentlich früher beenden als gedacht. Gleichzeitig hatten meine Jungs einen ganz schönen Wachstumsschub gemacht, und ich wünschte ihnen doch bald ein eigenes Zimmer, einen eigenen Bereich. Und auch wenn es ihnen tatsächlich an nichts fehlte und sie die Gemeinschaft mit den anderen genauso genossen wie wir, stellte sich immer mehr heraus, dass es für die Zeit nach der Transplantation wichtig wäre, dass unser Sohn ein eigenes Zimmer hat.

Obwohl sich beide Seiten auf mehr Platz freuten und wir alles gut durchdacht hatten, fiel uns der Abschied dann doch schwerer als gedacht.

Die beiden zogen schließlich Mitte November aus. Und tatsächlich endete damit eine wunderschöne Zeit. Eine Zeit, die ich nie vergessen werde. Es war eine geniale Season, die mich darüber staunen ließ, was alles möglich ist mit Gott. Wir verbrachten unsere letzten gemeinsamen Abende in der WG, es wurde gepackt, geräumt, gestrichen. Wir konnten bewusst Abschied nehmen und hatten genug Zeit, um in der neuen Situation anzukommen. Fritze und ich richteten den größten Teil des neu gewonnenen Platzes schon fertig ein und versuchten, uns schon in der neuen Wohnsituation einzuleben, bevor die große, herausfordernde Zeit kommen würde.

• • •

Und dann kam der Anruf.

Es war Mittwochmorgen.

Manoah und Timéo waren beide noch im Kindergarten. Ich hatte frei und trank gerade meinen Kaffee. „Hallo, Frau Aselmann, ich wollte Ihnen den Termin durchgeben: Am 08.12.20 geht es los."

Tatsächlich. Es ging wirklich los. Durch die vorangegangene lange Wartezeit hatte es sich für mich so angefühlt, als müssten wir bestimmt noch ein weiteres halbes Jahr warten. Gerade war ich schon wieder ein bisschen im „Nichtstun" angekommen.

Ich sagte „Danke", und legte auf. Eigentlich hatte ich noch so viele Fragen: *Was muss ich tun? Was muss ich packen? Wann genau sollen wir denn da sein?* 1000 Gedanken schossen durch meinen Kopf. Bis zum 08.12. waren es noch zwei Wochen. Zwei Wochen, um alles zu planen und zu organisieren. Doch was gab es überhaupt noch vorzubereiten? Ich rief meinen Mann an: „Schatz, am 08.12 geht es los." Und dann kamen mir die Tränen. Auf einmal kam alles aus mir heraus. Ich wusste einfach nicht, was das wirklich bedeutete, und war mir so sicher, dass DAS nun doch viel zu viel für mich würde.

Noch zwei Wochen. Wie nutze ich die am besten?

Wieder quälte mich die Frage, die ich mir schon im Juli gestellt hatte, als uns gesagt worden war, dass es nun bald losgehen würde: *Wie bereitet man sich auf so was vor?*

Die letzten vier Jahre hatte ich irgendwie damit gerechnet, dass der Tag einmal kommen würde – und doch nicht wirklich, denn es hätte ja auch so verlaufen können wie bei meinem Mann, bei dem die Transplantation erst als junger Erwachsener nötig geworden war. Aber nun waren da nur noch diese zwei Wochen – und sie entpuppten sich als ein wahres Geschenk: als die Ruhe vor dem Sturm.

In diesen zwei Wochen „Vorbereitungszeit" erlebte ich einmal mehr, wie sehr Gott mich liebt. Und mir wurde ganz neu bewusst, wie beschenkt und vorbereitet wir tatsächlich längst für diese Situation *waren*: Die Krankheit meines Sohnes wird in ganz Deutschland nur in zwei Kliniken behandelt, und wir wohnen nur 20 Minuten von einer dieser Spezialkliniken entfernt. Durch die Krankheit meines Mannes hatten wir von Anfang an eine gute Beziehung zu den Spezialisten und wurden als junge Eltern stets ernst genommen. Wir leben in einem Haus mit mehreren Menschen, unser jüngerer Sohn war dadurch immer bestens versorgt, auch wenn wir mal nicht bei ihm sein konnten.

Unsere Gemeinde trägt uns durch diese schweren Zeiten mit Gebet, ermutigenden Nachrichten und anteilnehmenden Nachfragen – und auch ganz praktisch mit Essen, das uns vorbeigebracht wird. Unsere Familien wohnen im selben Dorf, putzen manchmal für uns und sind stets für uns da – auch spontan. Mein Mann hatte sich im Januar selbstständig gemacht. Das bedeutete zwar viel Arbeit, aber auch eine große Flexibilität, durch die er jederzeit für seine Familie da sein konnte. Und ich selbst durfte die letzten Jahre lernen, dass Zuhausesein reicht – und das auch leben. Dadurch konnte ich mich nun voll und ganz auf diese Situation einlassen. Ich musste mich nicht erst vor irgendeinem Arbeitgeber erklären, ich musste keinen Vertrag beachten oder noch irgendwelche Anträge stellen. Ich konnte einfach da sein. Für meine Familie.

Obwohl so eine schwere Zeit vor uns lag, konnten wir mit einer sehr großen Dankbarkeit und Hoffnung in sie starten. Selbst dass unser Sohn bereits mit vier Jahren eine Stammzellentransplantation bekommen würde, war eigentlich eine gute Voraussetzung. Wir würden ihn nicht aus der Schule herausnehmen müssen, und das Wiederholen einer Klasse würde ihm erspart bleiben. Er würde nur ein Jahr Kindergarten aussetzen, aber dann noch ein volles Kindergartenjahr haben. Und Kinder in diesem Alter machen sich noch nicht so viele Gedanken darum, was die Menschen von ihnen denken, wer noch als Freund bleiben wird und wer nicht. Die Ärzte hatten uns gesagt, das Einzige, was für unseren Sohn wirklich wichtig wäre, sei, dass WIR Eltern da sind. Und genau das konnten wir ihm geben. Halleluja!

Wir waren gesegnet. Und wir waren dankbar.

Ich nahm wahr, wie perfekt Gottes Timing wieder einmal war. Die Wohnung war bereits umgestaltet, zumindest so, dass Manoah die letzten zwei Wochen vor dem Krankenhaus noch seine Freunde einladen und ausgiebig mit ihnen spielen konnte. Ronja und Tom-Luca waren zwar ausgezogen, aber unsere Beziehung war so intensiv, dass wir auch weiterhin viele Abende gemeinsam verbrachten.

Jesus beschenkte mich außerdem noch mit einem Treffen mit meiner wundervollen Freundin Renate in Hamburg. Einen Tag einfach nur quatschen und genießen. Dann durfte ich noch zwei Tage mit meiner Freundin Tamara verbringen, um dieses Buch ein Stück mehr zu formen. Jesus nutzte diese zwei Wochen, um mich wirklich vorzubereiten. Er nutzte diese Zeit, um mich in eine völlige Dankbarkeit zu versetzen. Eine Woche bevor es losging, mussten wir Manoah aus dem Kindergarten nehmen und ihn schon weitestgehend vor anderen Kontakten schützen, damit er sich nicht noch was einfangen konnte. Aber damit Manoah nicht zu einsam sein würde, bekam sein bester Freund die Möglichkeit, diese Woche ebenfalls nicht in den Kindergarten zu gehen und stattdessen jeden Vormittag bei uns zu verbringen. Ich sah diese ganze Situation als Wunder an. Ich war doch schon mittendrin: Ich lebte schon längst in diesem Wunder, um das ich Gott immer wieder gebeten hatte.

„Im größten Sturm warten die größten Wunder!", sagte der ICF-Pastor Tobias Teichen einmal – und genau so erlebten wir es.

Mir kamen oft die Tränen, wenn ich daran dachte, dass wir unseren Sohn verlieren könnten; doch ich war mir trotzdem so sicher, dass Gott alles unter Kontrolle hatte, dass er längst weitersah und – ja, dass er auch noch heute Wunder tat. Es war wieder eine Bremse gewesen – nach den langen Jahren meiner „unproduktiven" Zeit schon wieder ein Stopp. Aber plötzlich sah ich so viel mehr Früchte, die in genau dieser Zeit gewachsen waren, als in all den Jahren, in denen ich krampfhaft versucht hatte, sie selbst zu produzieren.

• • •

Dann kam der Tag, der 08.12. Ich stand etwas früher auf, damit ich noch die restlichen Sachen fürs Krankenhaus packen konnte. Kurze Zeit später saßen wir im Auto. „Mama, ich finde das so blöd, dass ich Timéo so lange nicht sehen darf", sagte Manoah und fing an zu weinen. In diesem Moment überrollte es mich dann doch noch einmal. Ich weinte mit. Ich weinte aus tiefstem Herzen. Nun war ich also noch eine Schicht tiefer angelangt. Ich hatte die letzten Jahre oft gedacht, ich sei nun tief genug unten angekommen, um Dinge für mein ganzes Leben festmachen zu können, und dass ich nach all dieser Zeit würde sagen können: Ja, ich habe es verstanden, worauf es im Leben ankommt! Aber einmal mehr erkannte ich, dass Gott wohl nie fertig mit mir sein würde und dass er mich Schicht um Schicht tiefer führen würde. Ich weinte, schaute meinen Mann immer wieder im Rückspiegel an. Wir sagten nichts, wir wussten beide: Nun beginnt eine Zeit, die wir nur mit Jesus schaffen können.

Ich hatte Angst, denn ich hatte nicht die Gewissheit, dass es gut werden würde. Ich wollte mich stark zeigen, obwohl ich innerlich zerbrach. Und ich merkte, wie mir im Auto der Gedanke kam: „Ronja, Gott ist doch da. Gott ist der Sieger. Er kämpft für dich. Hat er dir das nicht die ganzen letzten Jahre gezeigt? Du darfst schwach sein! Du darfst Hilfe annehmen! Du bist geliebt! Genau jetzt. Genau in dieser herausfordernden Situation. Gott selbst wird bei dir sein und euch da durchtragen!"

Ja, Gott war da. Auch wenn es gerade kein oder vielleicht NOCH kein Happy End gab. Mit diesem Gedanken kamen wir an. Nun stand ich erst einmal dort vor diesem Krankenhaus, sah diesen riesigen, überfordernden Berg vor mir und fragte mich, wie ich das schaffen sollte. Wie ich diese lange Wanderung überleben sollte, bis wir mit Manoah endlich „über den Berg sein würden".

Es war dieser Vers, der mir in den Kopf kam und mir in den kommenden Wochen helfen sollte:

„Darum lebe nicht mehr ich, sondern Christus lebt in mir"
(Galater 2,20).

Bevor wir ins Krankenhaus fuhren, hatte ich einen Traum gehabt. In diesem Traum stand ich vor dem Krankenhausbett meines Sohnes und konnte einfach nichts tun. Ich konnte meinem Sohn nicht die Schmerzen nehmen und die ganzen Strapazen ersparen. Manoah würde die Transplantation allein über sich ergehen lassen und für sich selbst kämpfen müssen. Doch dann gab Gott mir in meinem Traum eine Aufgabe: „Ronja, bete jeden Abend um das Bett deines Sohnes herum." Ich sah genau, wie ich das machen durfte: Ich würde mich „Säule für Säule" um das Bett meines Sohnes stellen und an jeder Säule für Schutz, Gesundheit und Zuversicht beten.

Gott gab mir in diesem Traum eine konkrete Aufgabe, die ich tun konnte. Eine Aufgabe, die Macht hatte und mich aus meiner Ohnmacht befreite. Gebet besteht nicht einfach nur aus ein paar frommen Floskeln, sondern es ist die mächtigste Waffe, die man einsetzen kann. Und genau das tat ich dann jeden Abend in der Krankenhauszeit. Und was machte es mit mir selbst? Mein Blick veränderte sich, mein Herz wurde ruhig, und abends konnte ich es oft nicht fassen, wie sehr Jesus mich liebte.

„Jesus, wie sehr liebst du mich?", fragte ich Jesus zu Beginn der Krankenhauszeit einmal. Ich lag gerade in meinem Bett und spürte, wie er mir zusprach: „Ronja, ich liebe dich so sehr!"

„Dann zeig es mir bitte!", bat ich ihn, weil ich diese Liebe gerade so dringend brauchte.

Und er zeigte es mir tatsächlich: Auch wenn sich rein äußerlich nichts veränderte, spürte ich auf einmal einen tiefen Frieden und eine Ruhe in mir, fast fühlte es sich an wie eine Umarmung.

Ich dachte an meine beiden wundervollen Kinder, die tatsächlich absolute Wunder sind. Ich lag in diesem Krankenhausbett, und es fühlte sich beinahe so an, als stünden all die Menschen, die für uns beteten, jetzt in diesem Raum, und ich wusste, ich brauche keine Angst zu haben. Ich fühlte mich getragen und überreich gesegnet. Eine übernatürliche Hoffnung machte sich in mir breit.

KAPITEL 9:

BIST DU BEREIT?

Vielleicht ist dieses Kapitel mein Lieblingskapitel. Warum? Weil du dir vielleicht gerade jetzt die Frage stellst: Warum sollte es sich lohnen, diesem Gott zu vertrauen, wenn er seinen Kindern doch offensichtlich so viel Leid zumutet?

Vielleicht denkst du dir aber auch, du hast doch auch so ein schönes Leben, deine Krankheit oder andere Schwierigkeiten hast du auch ohne diesen tollen Gott gemeistert, und deine Familie ist heil und gibt dir die Liebe und den Halt, den du brauchst. Oder es geht dir gerade richtig schlecht, und du denkst dir, dass du auf diesen Gott auch gut verzichten kannst, wenn das gerade deine „Season" sein soll.

So oder so: Ich freue mich so sehr, dass du dieses Buch bis hierhin gelesen hast, denn ich hoffe, dass ich dir noch einmal nahebringen kann, WAS es für einen großen Unterschied macht, diesen Gott in seinem Leben zu haben und ihm zu vertrauen – in *jeder* Season. Ich habe versucht, in jeder Zeile aufzuzeigen, wie sehr ich es liebe, Christin zu sein und eine persönliche Beziehung zu Jesus zu haben. Doch es geht noch um so viel mehr.

Dass du diesen Gott kennenlernst (falls du es noch nicht tust) – das ist mein Wunsch für dich. Hier in Deutschland erleiden wir keine Not und bringen uns auch nicht in Gefahr aufgrund unseres christlichen Glaubens. Ja, wir haben unglaublich viele Privilegien, wenn wir hier in diesem Land leben. Und trotzdem können wir auch in Deutschland schweres persönliches Leid erfahren. Natürlich kann dann der Gedanke aufkommen: *Wozu brauche ich denn überhaupt einen Gott, wenn ich doch so oder so durch dieses Leben muss?* Aber wer hat denn gesagt, dass es einfach wird? Wer hat denn gesagt, dass uns alles zufallen wird, wenn wir an diesen herrlichen Gott glauben? Vielleicht wirst du nicht gesund. Vielleicht bleibt deine Beziehung trotzdem kaputt. Und ja, ich selbst habe auch noch so viele Fragen und bin noch auf der Suche nach Antworten. Doch ich habe auch schon so viele Antworten auf meine Lebensfragen bekommen.

Nun kennst du meine Geschichte und weißt, dass sie nicht immer rosig und manches wirklich schwer für mich war. Doch in all diesen Jahren durfte ich auch immer wieder krasse Wunder erleben. In all diesen Jahren durfte ich erleben, dass Gebet WIRKLICH etwas bewegt; ich durfte erleben, wie Menschen für mich einstanden, obwohl sie mich nicht einmal persönlich kannten. Ja, in all den Stürmen habe ich übernatürlichen Frieden erlebt, habe ich Segen erlebt. Viel Segen. Und ich glaube, das passierte alles aufgrund meines großen Gottes. Warum ich mir da so sicher bin? Ganz einfach, weil es im Wort Gottes steht:

„Bittet, so wird euch gegeben" (Matthäus 7,7; LU).

„Wer Gott liebt, dem dient alles, was geschieht, zum Guten" (Römer 8,28).

„Du zeigst mir den Weg, der zum Leben führt. Du beschenkst mich mit Freude, denn du bist bei mir; aus deiner Hand empfange ich unendliches Glück" (Psalm 16,11).

Das sind krasse Sätze, die aber genau so in der Bibel stehen. Und ich glaube, dass die Bibel die Wahrheit ist. Ich glaube nicht, dass Gott schweigt, denn er hat uns sein Wort gegeben. Er redet. Nur wollen wir es oft nicht hören.

Das Leben in enger Gemeinschaft mit Jesus veränderte mich, und auch wenn ich immer noch manchmal „struggle" und meine Kämpfe habe, kann ich sagen, dass ich die Ronja, die ich heute bin, mag – auch wenn ich nichts leiste und nicht alles perfekt ist. Denn Jesus hat gerade in den letzten vier Jahren immer mehr Raum in mir eingenommen. Und was bedeutet das? Es bedeutet, dass ich Freude empfinden kann, auch wenn nicht alles gut ist. Es bedeutet, dass ich durch meinen Glauben in einer tiefen geistlichen Gemeinschaft mit anderen leben darf, die füreinander einstehen. Ja, die nicht nur füreinander einstehen, sondern füreinander beten. Und mein Mann und ich durften erleben, dass uns genau diese Gebete durchgetragen haben. Ja, Jesus hat in den letzten Jahren unglaublich viel in mir und durch andere Menschen in meinem Leben gewirkt und ist während dieser ganzen Season nie von meiner Seite gewichen.

Wisst ihr, Jesus bereitet dir nicht nur ein paar nette Stunden in deinem Leben. Nein, er verändert es komplett. NIEMALS würde ich diese Freude, diese Hoffnung, dieses Leben mit Jesus aufgeben wollen!

Jesus ist die Wahrheit. Und ich glaube, mein Leben, das so voller Wunder, voller übernatürlicher Kraft und Hoffnung ist, kann es so NUR durch Gott geben. Und er will dir genau so ein Leben schenken – und dich begleiten und durchtragen. Von Season zu Season.

Und auch deine ganz persönliche Story zählt! Gott will sie genauso gebrauchen, um mit dir Geschichte zu schreiben – in den Herzen anderer Menschen und in dieser Welt, in die er dich hineingestellt hat.

Und ich? Ich bin immer noch auf der Reise – ich meine, ich bin erst 26 Jahre alt – und ich freue mich schon so sehr auf das, was noch kommen wird. Und darauf, wie Jesus mein Herz immer mehr verändern wird. Doch was ich heute schon verstanden habe, ist, dass ich nicht erst ein gewisses Maß an Lebenserfahrung brauche, um bereit für Wunder zu sein oder eine krasse Verwandlung in einen wirklich freien Menschen erleben zu können. Nein, ich darf schon HEUTE dieses neue Leben mit Jesus beginnen, in dem ich Wunder erwarten und mich verwandeln lassen darf! Mehr noch: Ich bin bereits mittendrin! Und mein Leben hat eine wundervolle Perspektive: die Perspektive Ewigkeit.

Im Vergleich zu der Ewigkeit bin ich nur für eine kurze Zeit hier auf dieser Welt. Und danach wird eine ewig lange Zeit kommen voller Frieden, voller Freude und Feiern und ohne Krankheit und Leid. Ich bin nicht auf dieser Welt, um mich selbst zu verwirklichen. Ich bin hier, damit Jesus mein Leben gebrauchen kann für andere Menschen. Für dich. Für dieses Buch.

• • •

Dieses Buch endet. Und mit ihm auch eine lange Season, in der ich in erster Linie die Mama eines kranken Kindes war. Ich glaube, auch deine konkrete Berufung kann sich verändern. In unserem Leben durchlaufen wir unterschiedliche Phasen. Du veränderst dich, dein Umfeld verändert sich, dein Alter und deine persönliche Verfassung ebenfalls. Ja, mein konkreter Platz ist gerade sehr deutlich in meiner Familie, und natürlich werde ich immer eine Mama und eine Ehefrau sein. Doch die Berufung, Mama eines kranken Kindes zu sein, geht nun tatsächlich zu Ende. *Know your season* ist deshalb ein lebenslanger Prozess. Und ein lebenslanges Abenteuer. Genau dazu lade ich dich ein. Bist du bereit?

Und damit du dich darauf auch wirklich einlassen kannst, fasse ich dir am Ende des Buches noch einmal alle wichtigen Punkte zusammen.

STEPS INTO YOUR SEASON

1. Erkenne, was „Berufung" bedeutet und was nicht.

2. Lerne deine erste und wichtigste Berufung – in Gemeinschaft mit Jesus zu leben – kennen, und investiere in diese wichtigste Beziehung

3. Höre auf Gottes Stimme – das erfordert auch die Bereitschaft, gegebenenfalls Dinge loszulassen und offen für neue Erkenntnisse zu sein. Ich denke, wer nicht von Gott lernen will, der wird auch seine Stimme nicht hören.

4. Nimm deine Season an: Du bist nicht umsonst an diesem Ort und in dieser Situation, in der du gerade bist. Gott kann und will dich genau dort anderen zum Licht setzen. Um zu sehen, was das konkret für dich bedeutet, verbringe Zeit mit ihm, und lerne ihn und sein Herz immer besser kennen.

5. Geh im Glauben mutige Schritte – das formt und verändert dich, denn im Risiko erlebst du Gott – und wie vertrauenswürdig er ist.

6. Sei dir bewusst, dass du niemals „fertig" bist; es wird auch während einer Season immer wieder notwendig sein, dich neu zu reflektieren und zu prüfen, ob du noch an dem Ort bist, an dem du sein sollst, und ob du (noch) die Aufgabe hast, die du haben wolltest. Und manchmal bedeutet dieses „Unfertig-Sein" auch, Geduld zu haben und treu im Kleinen zu sein.

7. Bleib entspannt und erinnere dich immer mal wieder: Deine Season kann sich verändern oder auch ganz enden – und das ist okay so.

NACHWORT: NEXT SEASON

Die Zeit ist vorbei! Zumindest glaubte ich das bis vor zwei Wochen. Ich glaubte, dass diese Season – eine Mama von einem schwer kranken Kind zu sein – nun vorbei sei.

Es war eine schwere Zeit während des Transplantationsprozesses, was sie genau mit mir gemacht hat, kann ich noch nicht reflektieren. Nun kommt erst einmal der Schmerz raus, den ich wochenlang unterdrückt habe, um für meinen Sohn stark sein zu können, und er darf sein und muss behandelt werden.

Ja, es war eine schwere Zeit, aber auch eine Zeit voller Wunder.

Eine Zeit, die ich nie vergessen werde.

Eine Zeit, die mich wieder einmal hat erkennen lassen, wie groß, gnädig und voller Liebe unser Gott ist.

Es war eine Zeit, die eigentlich noch nicht „war", sondern tatsächlich noch IST. Denn ich stecke noch mitten in dieser Zeit.

Das Nachwort sollte in einer Zeit entstehen, in der ich dachte, schreiben zu können: „Wir haben es geschafft, wir sind durch! MEIN SOHN IST GESUND!!" Doch jetzt sitze ich hier Ende April 2021. Die Stammzellentransplantation liegt nun genau vier Monate hinter uns. Vor zwei Wochen dachte ich tatsächlich: „Es ist geschafft", aber nun schreibe ich diese Zeilen wieder in einem Krankenhauszimmer, weil Manoah die Transplantation nicht so verkraftet hat wie erhofft.

Wieder muss ich um seine Gesundheit kämpfen. Wieder scheint alles ungewiss. Noch immer stecke ich also in dieser schweren Season, dabei war ich so bereit für eine neue. Und ich lese mir mein Manuskript ein letztes Mal durch und denke mir: *Als ob ich es für mich geschrieben hätte!* Wieder neu entscheide ich mich, in dieser Season treu zu sein. Das ist nicht immer einfach, nein, aber es macht mich frei und bereit, in genau der Season zu leben, die Jesus gerade für mich vorgesehen hat.

Aber eines Tages will ich sagen: „Ich bin bereit für eine neue Season. Ich bin bereit für Gottes Weg für mich, egal, was das konkret für mich heißt. Ich bin bereit – nicht, weil ich weiß, dass ich selbst alles schaffen kann oder muss, sondern weil ich weiß, dass ER schon alles geschafft hat und ich deswegen genug BIN und durch ihn auch genug HABE – egal, wie die Umstände sind. Ich liebe diesen Jesus und ich bin hier FÜR IHN. Ich will sehen und erleben, was ER in meinem Leben und durch mein Leben tun will."

Es ist herausfordernd, sich auf seine Wege einzulassen – und das auch immer wieder neu –, aber es ist auch die größte Chance.

Es ist die größte Chance auf das wirkliche Leben:
ein Leben, in dem du aufblühst.
Ein Leben in Fülle.
Ein Leben voll Lebendigkeit.
Ein Leben voller Wunder.
Ein Leben an der Hand dessen,
der das Leben selbst ist
und der dich in Liebe führt.
Von Season zu Season.

DANK

Mein größter Dank geht an Jesus! Wie er dieses Buch ermöglicht hat und auf welche Art und Weise, macht mich heute immer noch sprachlos! In meinem größten Tief entstanden diese Zeilen.

Dann möchte ich meiner Freundin Tamara Friede von ganzem Herzen danken. Ohne diese Frau würde es dieses Buch in dieser Form nicht geben. Sie hat Nächte mit mir durchgearbeitet, viel Zeit dafür geopfert und mich immer wieder ermutigt weiterzugehen.

Und danke auch an meinen Ehemann, der stets hinter mir stand und steht und sich um das Familienchaos kümmerte und mir den Rücken frei hielt, wenn ich Zeit brauchte für diese Zeilen.

Außerdem bin ich voller Dankbarkeit, dass der Gerth Medien Verlag von Menschen besetzt ist, die so viel Segen in mein Leben gebracht haben.

© 2021 Gerth Medien
in der SCM Verlagsgruppe GmbH
Dillerberg 1, 35614 Asslar

Wenn nicht anders angegeben, wurden die Bibelstellen
der folgenden Übersetzung entnommen:
Hoffnung für alle®, Copyright © 1983, 1996, 2002, 2015 by Biblica Inc.®.
Verwendet mit freundlicher Genehmigung von Fontis – Brunnen Basel.
Alle weiteren Rechte weltweit vorbehalten.

Weitere verwendete Übersetzungen:
Lutherbibel, revidiert 2017, © 2016 Deutsche Bibelgesellschaft, Stuttgart.
Neues Leben. Die Bibel, © der deutschen Ausgabe 2002 und 2006 SCM R.Brockhaus
in der SCM Verlagsgruppe GmbH, Witten/Holzgerlingen.
Bibeltext der Schlachter Übersetzung 2000, Copyright © Genfer Bibelgesellschaft,
CH-1204 Genf, Wiedergegeben mit der freundlichen Genehmigung. Alle Rechte
vorbehalten.

1. Auflage 2021
Bestell-Nr. 817785
ISBN 978-3-95734-785-5

Umschlaggestaltung: Mareike Schaaf
Umschlagfoto: Deborah Pulverich
Illustratorin: Christina Walch
Lektorat: Désirée Wiktorski
Satz: Uhl + Massopust, Aalen
Druck und Verarbeitung: GGP Media GmbH, Pößneck
Printed in Germany

www.gerth.de